保守とは横丁の蕎麦屋を守ることである

コロナ禍「名店再訪」から「保守再起動」へ

福田和也

河出書房新社

保守とは横丁の蕎麦屋を守ることである

コロナ禍「名店再訪」から「保守再起動」へ

目次

ブックデザイン　鈴木成一デザイン室
構成　緒形圭子
写真　平山訓生・藤野眞功・ＦＫラボ

保守とは
横丁の蕎麦屋を
守ることである

コロナ禍
「名店再訪」から
「保守再起動」へ

はじめに　日本人であるとはどういうことか

私は日本人である。

そんなことはわざわざ言うまでもないことだろうと思うかもしれないが、果たしてそうだろうか。

遠くない将来、多くの日本人が、自分は日本人だと言わなければならない状況が来るのではないかと、私は危惧している。その状況とはつまり、日本という国が消滅し、全世界に散らばった日本人がそれぞれ辿り着いた場所で、自分が何者であるかを主張しなければならないという状況だ。

令和二年春、中国に端を発する新型コロナウイルスの世界的な感染拡大が始まった時、真っ先にとられた政策は国境の封鎖だった。国という概念が薄らいでいた二十一世紀の世界に、くっきりとした国境線が引かれたのである。

日本では四月に緊急事態宣言が発令された。ロックダウンされたパリやニューヨーク、重症患者で混乱するイタリアやスペインの病院、配給のパンのために暴動が起きたアフリカの農村、そして大きなパニックこそ起こってはいないものの、外出自粛という我慢を強いられるなか、着実に日常生活の基盤の崩壊が進んでいる日本の様子を、映像や動画で見ながら、私はこんなことを考えていた。

私たちは何処で生き、何のために働き、何を貴び、何を信じるのか、子供に何を語り、友人や朋輩と何を分かつのか——。

これらは全て、「日本人とは何か」という大きな問いへとつながっている。

生き方にしろ、生きがいにしろ、簡単に答えの出るものではなく、誰にでもあてはまるような考えはない。しかし、色々な価値観や方針の底に流れている大きなものがあって、その流れが一人一人の個性や人格を支えている。この底に流れているものが、「日本人である」ということだと、私は考える。

日本人が日本人であるという意識を失いつつあることは年号が昭和から平成に変わった頃、私がものを書き始めた頃から感じていて、私にとって『日本人とは何か』はメインテーマであり、これまでずっと考え続け、書き続けてきた。それでもなお。新型コロナウイルスの感染拡大は改めてこの問題を私に突きつけたのである。

例えば、本居宣長ら江戸時代の国学者たちは、中国の「唐意《からごころ》」と日本の「大和心《やまとごころ》」を対比させた。そこで彼らが言おうとしたのは、朱子学的な理念と日本的な心の対比であった。「からごころ」は理屈や理論を立てて、生身の人間の感情を律していくことである。一方「やまごころ」は、いい服を着たいとか、おいしい物を食べたいとか、苦しいことは嫌だ、といった人間の当然の心情を前提とし、認めた上で人が生きるということを考えていく。

現世を肯定した上で、生身の人間として生きていく道は何なのかを考えることが、国学の開いた考え方である。

ここに日本人の価値観が明確に現れている。

日本人は彼方にあるもの、彼岸に価値を置くのではなく、自分たちが一緒に暮らしていく、今生きている人とのつながりを大切にし、その中で生きている価値を認めてきた。それを暮らしの中で育み、制度や宗教、文化として実現してきたのである。

日本という国がこれまで続いてきた要因は、普通の町や村に住んでいる人たちの、その普通の暮らしが文化であったということにある。

それは食にも現れている。

例えば蕎麦。

蕎麦の原料となるソバムギは古代から救荒作物として栽培されており、戦国末期くらいから麺として食べられるようになったと言われている。

それが全国に普及したのは、菓子屋がそば切りを扱ったから、寺院で振舞っていたものが門前や宿場の蕎麦屋になったなど諸説あるが、江戸時代初期には蕎麦の商いが始まっていて、文化文政の頃には蕎麦屋が繁盛していたようだ。嘉永六（一八五三）年頃に成立したとされる、江戸の風俗について記した『守貞漫稿』には、当時江戸市中に蕎麦屋が約三八〇〇軒あったという記録がある。

食べ物屋が限られていた時代、腹にたまる蕎麦が食べられ、酒も呑める蕎麦屋は庶民に愛され、地域に根差し、その形態は現在にまで受け継がれて、日本の食文化の一端を担っているのである。

ところが、未だに続くコロナ禍は、古来日本人が守り続けてきた、日常を大切にし、それを文化とする心を、私たち日本人が失っていることを露呈させた。

それは、日本人が日本人であることを見失っていることであり、見失ったままでいれば、日本は滅びる。

今、私たちがしなければならないことは、日本人であるとはどういうことかを考えることである。

天下国家を論じろというのではない。

自分たちが本当に暮らしたいように、自分たちが自分たちとして誇り高く暮らすにはどうすればいいかを考えることから始めればいい。

そこから個々の中に日本の姿が立ち現れ、それが国が国であるための支えになると信じている。

1 男はとんかつである

逆境で街の風味を守る秀逸なる三軒

大井町「丸八」
巣鴨「とん平」
銀座「とん㐂」

令和二年十月、私は還暦を迎えた。

よく六十年も生きてこられたと自分で感心している。自慢じゃないが、これまで体にいいと言われることは何一つしてこなかった。運動など、高校以来していない。実は高校の体育の授業もさぼっていた。いい歳して体操服着て、ぴょんぴょん飛んでられるか、というのが本音だったが、体育の教師に「宗教上の問題です」と言ったら、何故か許してくれた。

酒は中学生から飲み始め、高校、大学と、夜遊びに欠かせないものになった。物書きになってからは、いよいよ酒との関わりは深まり、一日として飲まない日はなくなった。飲む量も半端なものではなかった。

暴食もひどかった。フレンチやイタリアンを食べた後に、カツカレーを食べるということを平気でやっていた。

三十代、四十代はそれで大丈夫だった。というより、一つの循環ができていた。

食って飲むことによる高揚と、そこから得られるエネルギーで頭を回転させ、原稿を書く。

食うこと、書くことへの執着

原稿に向かっていると、これまでに読んだ本、人と交わした会話、あるいは子供の頃の記憶から、言葉はどんどんやってきた。私はそれを交通整理するだけでよかった。

今、その循環は完全に断たれている。

長年の不摂生な生活による心身へのダメージは深刻で、最高時には八十キロを超えていた体重は三十キロ以上落ちた。ダイエットをしたわけではなく、食えなくなったのだ。恐らく以前の半分も食えないだろう。認めたくはないが、頭の力も衰えた。脳に血が巡っていないことが自分でも分かる。

言葉はどこからもやって来ず、私は言葉を探し、追いかけている。探しても見つからず、追いかけてもつかまらず、原稿の量は激減した。ひどい時には、人と話をしていて言葉が出てこないことさえある。

小説を書く体力維持のためにランニングを続けている村上春樹は、肉体をないがしろにすると、必ず肉体の報復を受けると言っているが、今まさに私はその報復を受けているのである。

月に三百枚の原稿を書いていた頃、通っていたイタリアンレストランがあった。友人のシェフ、澤口知之《のりゆき》の店、「ラ・ゴーラ」だ。私は週に三度は顔を出し、彼の作る強烈に塩の効いた料理を食べ、大酒を飲んだ。

食って、飲んで、酔っ払い、翌朝起きて原稿を書く。夜になれば、また食って飲む。朝がくれば原稿を書く。その繰り返しだった。

しかし、澤口はもういない。病を患い、三年前、五十九歳で逝ってしまった。

澤口が生きていたら、こう言っただろう。

「福田、もっと食えよ。もっと書けよ」

私も食いたいし、書きたい。食えなくなり、書けなくなった分、食うこと、書くことへの執着は増している。

こうした私の状況と新型コロナ感染拡大という状況が重なり、『サンデー毎日』での連載につながった。

かつて私が日々通い、私の血と肉とエネルギーをつくってくれた店はコロナ禍の今、どうしているのだろう。

店を訪れ、食い、飲み、話し、そのことをルポすることで、ささやかではあるが、私なりのエールを送れたらと思い、不定期連載を始めた。

とんかつとともに人生を歩んできた

第一回はとんかつだ。

私は自他ともに認めるとんかつ好きである。

ただ好きなだけではない。男はとんかつだと思っている。とんかつを食べる体力、数多《あまた》あるとんかつから好みのものを選び食する選択眼、それが男には必要であり、とんかつの食べ方で男の度量が測れると信じている。

実家は下町だったから、とんかつは家で揚げないで、肉屋で買っていた。今、思えば堅い肉で、嚙み切るのが大変だった。しかし、衣はうまかった。ラードの強い匂いは、家庭料理でも、外食でも体験したことのないもので、陶然とした。

とんかつ屋と称する店に行き始めたのは高校からで、映画を見る前の腹ごしらえによくとんかつを食べた。大学時代はガールフレンドとのデートでもとんかつ屋に行き、「とんかつを食わない女とはつき合わない」と訳の分からない豪語をしていた。

父の仕事を手伝って、製麺機の営業をしていた頃は東京中を回りながら、とんかつを食べ、物書きになってもその習慣は変わらなかった。

私はとんかつとともに人生を歩んできたのである。なかなか幸福な来し方だったと思う。

かつて、とんかつはいくらでも食べられた。某雑誌の特集で、東京山手線全駅周辺のベストのとんかつ屋を選んだ時は、一カ月間、ほぼ毎日、とんかつを食べ続けた。

今は一カ月一回食べるのが精いっぱいという体たらくだが、この数年、間をおきながら通い続けている店が三軒ある。

大井町の「丸八」、巣鴨の「とん平」、銀座の「とん㐂」である。

大井町「丸八」の心意気

丸八は私にとって、心の故郷のような店だ。所帯を持ったのが馬込で、その頃から通っているが、この店のロースかつ、豚汁、ソースが一番落ち着く。私のとんかつの基準がこの店にある。

平日の午後二時に店を訪れると、一階のカウンター席はほぼ埋まっていた。客が戻ってきているのだと、ほっとした。

店内の壁に、映画『みをつくし料理帖』のポスターが貼られていた。数日前に角川春樹さんが家族と来られて食事をし、ポスターにサインをして置いていったという。何と角川さんも丸八の客だったのだ！　私は長いつき合いである。しかし、昔から丸八に通っていたとは知らなかった。不思議な縁を感じた。

二階の個室でご主人の小野敏宏さんの話を伺った。この店は敏宏さんの祖父、小野正さんが昭和三十年に始めた。満鉄に勤務した正さんは戦後、大井町で兄が営む輸入食料品の店を手伝っていたが、一人の職人と出会い、とんかつ屋を始めることにした。その職人はかつて外国客船のコックで、とんかつのレシピを持っていたのだ。

「では店は三代目ですね」と言うと、「違うんです。店には出ていませんが、父の勇が健在で、自分が元気なうちは三代目を名乗るなと言われています」とのこと。

丸八は緊急事態宣言下の令和二年四月十三日から五月七日まで店を休んだ。テイクアウトもしなかった。この店のとんかつは注文を受けてから揚げて、揚げたてを供するのを信条としている。客と客との間があき、油を遊ばせる時間が長くなると、油が荒れてしまうからだ。通常、昼夜通しで営業しているのも、同じ理由からだという。

五月八日に店を再開し、客が戻り始めた七月の終わりに大井町でクラスターが発生した。原因はコロナに感染した客のはしご酒だった。

「驚きましたね。この時は客が来ないどころの話じゃありません。町から人の姿が消えまし

丸八とんかつ店　東京都品川区東大井5-4-10 電03-3471-2681 営11:30〜21:30(LO) 休月曜日(月曜が祝日の場合は営業、翌火曜日休み)、第3月・火曜日は連休

た。大井町はターミナル駅なので多くの人が乗り降りしますが、駅から人が出て来ないんです」

クラスター騒ぎがおさまった後も客足は戻らず、九月の四連休で少し持ち直した。それから徐々に昼の客は増えているけれど、夜はだめ。会社帰りに仲間で食事をする人がほとんどなく、店は夜の十時までだが、八時を過ぎるとカウンターから人がいなくなるという。

取材の後、一階のカウンターでとんかつをいただいた。以前はポークソテーで酒を飲んでからロースかつというパターンだったが、今それはきついので、つまみはハムサラダにした。この店のハムサラダはハムの質とドレッシングの味がいい。生ビールを飲みながら食べていると、目の前で敏宏さん自ら、ロースかつを揚げてくれた。

「レシピは創業当時から変わっていません。片面に卵を二回つけて、その面を下にして揚げます。こうすると、肉のうま味が全て卵に吸収されるんです。大鍋で一度揚げたとんかつを小鍋でさっともう一度揚げるので、油切れがよく、口当たりもよくなります」

二度揚げされ、しっかりと揚げ色のついたロースかつが供された。断面には卵の黄色が層になって現れている。揚げたてを口にすると、肉のうま味と卵の甘さ、衣の香ばしさが混然となって口中にひろがり、幸せな気持ちになった。

「父からは、メニューも味も店の佇《たたず》まいも何一つ変えるなと言われています。とんかつを売るだけでなく、変わらないものをお客さんに届けたいと思っています」

六十五年前に一人の職人が伝えたとんかつのレシピ、古きよき昭和の空気と心意気をこの店は守り続けている。

常連が支える巣鴨「とん平」

とん平は昭和二十九年から巣鴨に店を構える老舗である。私は出身が田端なので、この界隈には親しみがある。少し歩くと小石川高校や植物園があって、反対に行くととげぬき地蔵や染井霊園、大正大学があるという複雑な土地柄が面白い。

店でとんかつを揚げている男性は私が知る限り一度も変わっていない。その男性がご主人な

とん平　東京都豊島区巣鴨2-1-6 森川第2ビル1F
電03-3910-5385 営11:30〜14:45（LO）、17:30〜20:45（LO） 休日曜日

のかと思っていたのだが、今回の取材で、いつもとんかつを運んでくれる女性、賀茂和枝さんが店主であることを知った。

創業者の賀茂秀雄さんは和枝さんの夫、栄造さんの父。戦後間もなく友人と二人で店を出すことになり、巣鴨がいいということになった。初めはとんかつとおでんを出していたが、途中からとんかつに特化した。

秀雄さんと栄造さんはすでに他界していて、今は和枝さんが店を切り盛りしている。とんかつを揚げているのは、職人の飯泉幸三郎さんだ。

緊急事態宣言下でも店は閉めず、営業時間を夜の八時までと短縮し、テイクアウトにも対応して続けた。家賃を払っているため、休むときついというのが理由だった。

それはそうだろう。飲食店にとって家賃の負担は重い。丸八が一カ月近く休めたのは、店の土地も建物も自前ということがあった。

「うちもここ数年はインバウンドのお客さんが多かったのですが、緊急事態宣言下に来てくれたのは常連さんでした。店が常連さんに支えられていることを改めて知りました」と和枝さん。

この店は午前十一時半〜午後三時が昼、午後五時半〜九時が夜の営業になる。店の休憩時間に取材をし、とんかつもいただいた。

ロース好きの私であるが、この店は棒ヒレがいい。糖度の高いパン粉にヒレが合うのだ。ところが、仕入れの関係で今日はないというので、ロースかつと串かつにした。

まず串かつが運ばれてきた。この店は長ネギを使っていて、運ばれてくるや、甘い香りに陶然となった。官能的なまでに柔らかいネギと、固い衣、しっかりした肉を口の中で噛んでいる快感は筆舌に尽くしがたい。燗酒《かんざけ》とともに一気に食べた。

ロースもいい。この店のとんかつは肉の旨さが際立っている。「うまい、うまい」と夢中になって食べているうちにロース一枚もたいらげていた。

食えるじゃないか。嬉しくなった。

「福田さん、この店に来られて何年になりますかねえ」

飯泉さんが言った。

初めて来たのは二十代だが、飯泉さんはその頃のことも覚えていてくれたらしい。巣鴨で五十年、とんかつを揚げ続けている職人さんの記憶に残っているのだと思うと、誇らしかった。

「とん㐂」、銀座で食べるかつ丼の魅力

とん㐂《き》は銀座で酒を飲むようになって、知った店だ。

銀座六丁目、ソニー通りのビルの地下という、いい場所にある。さんざん飲んだ後に、この店でかつ丼を食べるのが、かつての私のパターンだった。酒の後、ラーメンを食べる人は多いが、私はかつ丼。ここのかつ丼はとんかつ好きの間でも評判だ。

夜の営業が始まる午後五時に店に行くと、客はまだおらず、店内のテーブルで話を聞くこと

になった。しらふでこの店に来ることは滅多にないので、妙に緊張してしまった。

とん㐂の創業は昭和五十二年。今の店のすぐ近くに同名の店があり、そこで働いていた落合秀俊さんが独立して店を持った。前の店は新橋に移って営業していたが、間もなく閉店した。肉は、山形県にある平田牧場の三元豚を使うなどこだわりがあるが、かつ丼に関しては特別なことは何もしていないという。

「評判になったきっかけは山本益博さんが雑誌で書いてくれたからなんですけど、どうしてうまいのかと聞かれても、よく分からないんですよ。出汁《だし》がいいと言われますが、普通の水と化

とん㐂　東京都中央区銀座6-5-15 銀座能楽堂ビルB1F 電03-3572-0702 営11:30～14:30(LO)、17:00～20:00(LO) 売り切れにより早じまいする場合があります 休不定休

学調味料で作っているんです」

この店も緊急事態宣言下も営業時間を短縮して店を続けたという。

「店は開けていたけれど、お客さんは少なかったですね。そもそも街に人が出ていない。あんな銀座は見たことがありません。それでも店を開けていれば、売り上げはゼロにはならない。悲惨なのは、バーやクラブですよ。店を開けられないまま維持費だけで一カ月数百万円ですからね。ホステスさんも給料制じゃないから、大変だ。毎晩あった出前の注文はぱったりなくなりました」

とん㐂は銀座のバーやクラブに出前をしているので、その窮状が実感として分かるのだ。

「少しずつお客さんは戻ってきていますけど、一人で来るお客さんが多いですね。話をしないから、店の中はいつも静かです。銀座の街もまだまだ活気がない。人も街も早く元気になってもらいたいですね」

ここではいつもかつ丼ばかりだが、この日はつまみにカキフライをいただいた。平べったくて大きい三陸のカキだ。ビールを飲みながらこれを三つ食べた後にロースかつ。衣がかりっと香ばしくて、うまい！　一枚を食べきって、いよいよかつ丼。この店でかつ丼を食べないわけにはいかない。

注文して十分もしないうちにかつ丼が運ばれてきた。見た目は普通のかつ丼だが、一口食べて、やっぱりこの味だと感動する。衣、肉、出汁、卵、ご飯、どれか一つが突出することなく、その塩梅《あんばい》がとてもいい。ご飯は少し残したが、かつは全部食べた。自分の食欲に驚きつつ、こんなことを思った。

このかつ丼は、銀座で食べるからうまいのではないか——。

銀座で働く人、遊ぶ人の腹を満たしてきたこの店のかつ丼には、銀座の街の風味が備わっている。

2 銀座の余裕と底力

「美と食の街」の品格を守る三軒

おでん「おぐ羅」
バー「ロックフィッシュ」
理容「米倉」

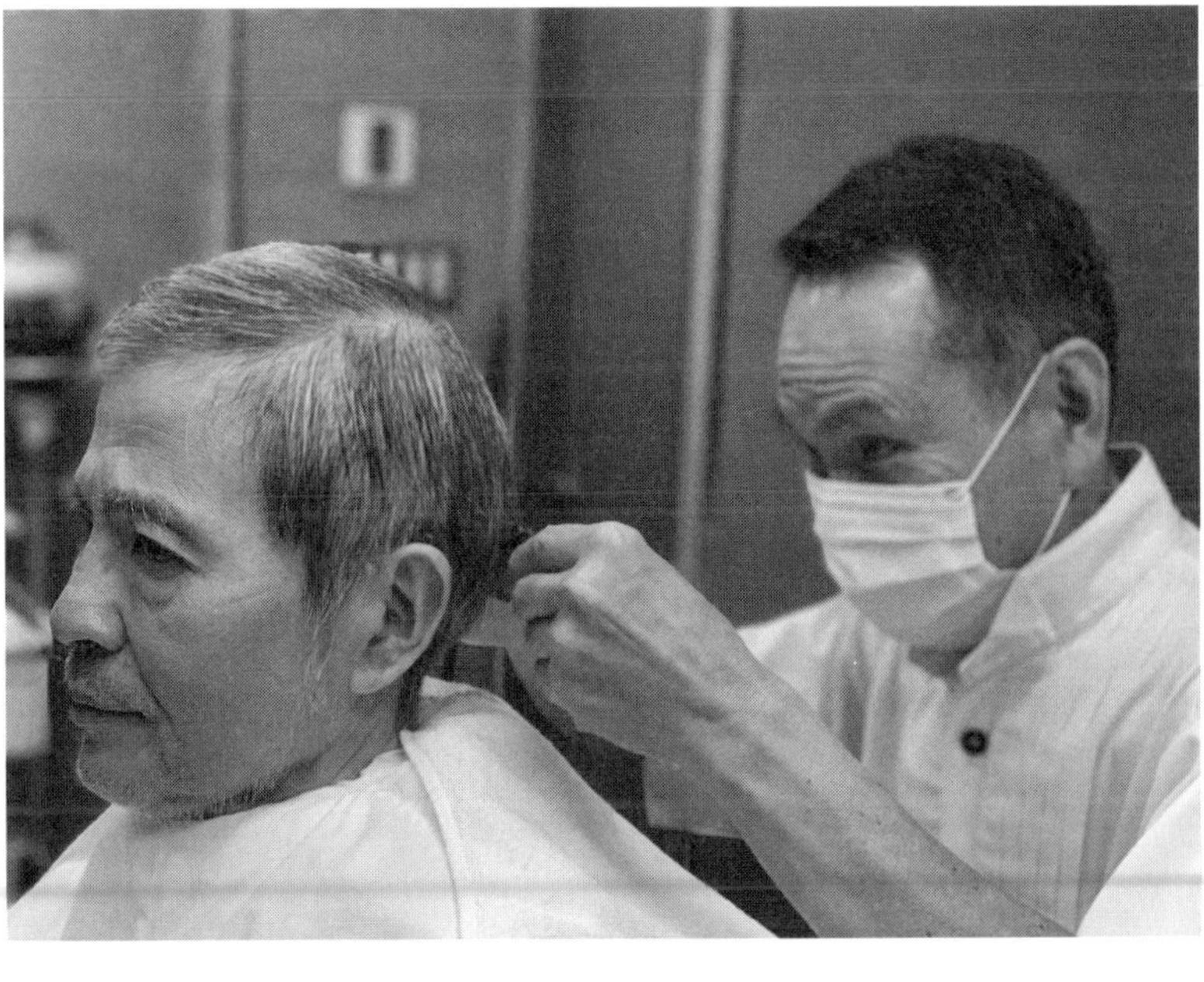

子供の頃から銀座が好きだった。

鉄道模型をやるようになって、天賞堂に通いつめ、真鍮《しんちゅう》製のＨＯゲージの機関車に魅せられた。

飛行機や戦車のプラモデルを作り始めると、洋書店のイエナに行くようになった。当時はまだ、第二次世界大戦の兵器、車両についての日本語の資料がほとんどなかったからだ。

大人になるにつれ、銀座という街の懐の深さを知った。

この街には日本で一番いい女がいて、美味い料理と酒がある。異論はあるかもしれないが、そういう前提で、数百という料理屋、レストラン、バーがしのぎを削っている。

その闘いに加わろうと全国から、世界から、闘士たちがやってくる。むろん、その雰囲気を借りて箔《はく》をつけようという輩《やから》もいるが、それも含めて銀座であり、有象無象《うぞうむぞう》を引きつけてなお品格を曇らせないところが、銀座の余裕であり、力なのだ。

「おぐ羅」には日本人の快楽が

銀座で飲み始めたのは、三十代も半ばになってからだ。物を書くようになって知り合いが増え、いろいろな店に連れて行ってくれた。

「おぐ羅」も、そうやって知った店の一つだ。最初に連れて行ってくれたのは、諸井薫さんだった。おでんの店だが、つまみが揃っていて、酒呑《の》みにはうれしい。

十一月最後の金曜日、午後五時に店に行くと、すでに営業時間であったが、お客はおらず、店のカウンターでご主人の川上雅彦さんに話を伺った。

おぐ羅　東京都中央区銀座6-3-6 本多ビルB1F 電 050-5485-0820 営 平日16:00〜21:30(LO)、土曜日16:00〜20:30(LO) 休 日曜日、祝日、12月30日〜1月4日

川上さんは「おぐ羅」の創業者、小倉良之さんの甥にあたる。小倉さんは令和元年十二月、転倒の怪我が原因で亡くなった。八十二歳だった。

「コロナなど全く知らないまま亡くなりました。よかったと思いますよ。コロナ禍の店の様子を見ていたら、死にきれなかったんじゃないでしょうか」

小倉さんは体が大きく、柔道の猛者《もさ》のような風貌の、厳しいけれど優しい人で、カウンター越しに酒やおでんを供されると、ほっとした気分になった。

二十五歳で、銀座のおでん店「やす幸」に入り、二十四年間の修業を経て、四十九歳で独立。銀座に「おぐ羅」を開店させた。

「やす幸」は銀座の名店である。その「やす幸」と同じ銀座に店を構え、客層もかぶりながら、おでん以外の料理で独自色を出し、繁盛店にしたのは立派だ。

そうこうするうちに、お客さんが入ってきた。「おぐ羅」は令和二年四月十一日から五月いっぱい休業し、六月一日から店を再開させたが、夏場ということもあり、お客は入らなかった。九月の終わりからようやく、お客さんが戻ってきたという。

「ＧｏＴｏイートの効果もあったんですか？」と聞くと、「全く利用していません。せっかく戻ってきた常連さんが入れなくなってしまうと困りますから」とのこと。

なるほど。常連を持っている店にとって、「ＧｏＴｏイート」は使い方が難しいのだ。

川上さんが忙しくなったので、酒を呑み始めることにした。錫《すず》の薬缶《やかん》でコップになみなみと熱燗《あつかん》をついでもらい、アジフライ、ブロッコリーの明太子ソース、キンキの煮つけを注文した。

　この店のアジフライは刺身用のアジを使い、丁寧に骨を抜いて揚げる。口に入れたときのふわっとした感触がたまらない。キンキの煮つけもいい。思い切り甘いのに、キレがある。白飯を少しもらい、煮汁をかけてつまみにした。品がいいとは言えないが、酒が進む。

　〆《しめ》はもちろんおでんだ。ここのおでんは「やす幸」と同じで醤油《しょうゆ》をいっさい使わず、出汁と塩で味を出す。出汁が染み込んだ大根とがんもどき、卵をいただいた。

「毎年十二月は開店から閉店まで予約で満席の状態でした。今年は大人数の予約が皆無のうえに、最近の感染拡大でせっかく入った予約がどんどんキャンセルされています。私にできることは、叔父がやってきたあたり前のことをして、お客様をお迎えすることだけです」

　川上さんが話している間にもお客さんがどんどん入ってきて、カウンターは満席になった。店の人の対応から予約なしの人も多いことが分かる。

　おでんは極端な季節料理である。寒い日に熱燗でおでんをつつくのは、日本人にとって堪《こた》えられない快楽だ。たとえ政府や都が規制を強めても、この快楽を求め、十二月の「おぐ羅」のカウンターは多くのお客さんで埋まると信じている。

「ロックフィッシュ」至高のハイボール

「ロックフィッシュ」は私にとって銀座の拠点のような店だ。とにかくまずはロックフィッシュに行ってハイボールを二、三杯ひっかけてから街に繰り出す。

店内はテーブル席もあるが、常連客の多くはカウンターで立って、ハイボールを呑む。長らく酒を呑んでいるが、この店のハイボール以上に美味いハイボールを私は知らない。

材料はウイスキーと炭酸だけなのに、何故それほどの味の差が出るのかといえば、そこには店主の間口一就《かずなり》さんのこだわり抜いたレシピが存在する。まず、ウイスキーはアルコール度数43度のサントリーの角瓶。かつて角瓶は43度だったが、現在は40度に統一されている。この店で使われているのは復刻版の43度のウイスキーのみ。それにウィルキンソンの炭酸を注ぎ、レモンピールを絞る。割合はウイスキー1に対し、炭酸は3。大切なのはウイスキーも炭酸もグラスもキンキンに冷やしておくこと。氷は入れない。

愛媛県出身の間口さんは高校の頃からバーを開きたいと思っていて、大学で大阪に出るとすぐにバーテンのアルバイトを始めた。いくつか店を移る中で、大阪の「サンボア」と出会い、大学卒業後はそこで働くことになった。研鑽《けんさん》を積む中で、自分流のハイボールを生み出し、三十歳で「ロックフィッシュ」を大阪に開いたが、東京への憧れが強く、平成十四年に銀座に進出した。コリドー街に近い雑居ビルの二階で、ビルには有名な「クール」というバーがあった。

家賃の高い銀座で、チャージなし、税込み一杯八百円のハイボールで勝負に出た。

利益を出すためには営業時間を長くするしかない。午後三時から翌朝午前五時まで店を開けた。店で寝起きして働き続けるうちに、美味いハイボールが飲める店と評判になって客が増え、一日二百杯ものハイボールが出るようになった。

平成三十年五月、ビルの契約が切れたため一度店を閉め、二カ月後、すぐ近くのビルの七階に再オープンした。

「今年は二月にコロナの感染者数が発表され始めるとじわじわお客さんが減りだして、三月は昼も夜も閑古鳥が鳴く状態でした。四月七日から五月末まで店を閉め、コロナに負けない店を目指すことを掲げてクラウドファンディングを立ち上げました。目標の二百万円は一日で達成

ロックフィッシュ　東京都中央区銀座7-3-13 ニューギンザビル7F 電03-5537-6900 営平日14:00〜21:30（閉店）、土日祝日14:00〜18:00（閉店）休無休（年末年始も営業）

して、最終的に五百三十万円が集まりました。有り難かったですね。この支援がなかったら、店を閉めていたかもしれません」

今、カウンターは透明のパーテーションで、テーブル席はシェードカーテンで仕切られ、店内には高性能の空気清浄機が置かれている。

私は知らなくて申し訳なかったが、多くの常連さんたちが協力してくれたという。十八年間、美味いハイボールをつくり続けてきた間口さんの努力の結果だ。

さもしい話をするようだが、連載の取材でかかった飲食代は全て自腹である。

それはそうだろう。編集部の金でさんざん飲み食いして、エールも何もないもんだ。

店を応援するからには、自腹を切る。当然のことだ。

現在「ロックフィッシュ」の営業時間は午後二時から九時三十分まで。店が始まる三十分前に行って、話を伺い、ハイボールをいただいた。

この店はつまみも美味い。シンプルでありながらひねりが効いている。例えば私が好きなのは、「冷やしたぬきチーズ」。クリームチーズにキュウリ、揚げ玉、干しエビを添え、めんつゆで味をつける。この日は、オイルサーディンの山椒《さんしょう》焼き、キュウリとコンビーフのサンドイッチ、スコッチエッグも食べた。昼間から美味いハイボールを呑める幸せをかみしめていると、間口さんが言った。

「酒を出す店がいきなり諸悪の根源のように言われ出したのには本当に驚きました。後手後手に回る政府や都の支援策には不満もあります。ただこういう状況下だからこそ、ハイボールで一息できる時間を提供したい。それが本来のバーの役割の一つだと思っています」

「ロックフィッシュ」が、間口さんのハイボールが失われないよう、私はただひたすら呑み続けるだけだ。

技術と清潔の徹底　理容「米倉」の信頼

飲食店ではないけれど、銀座でこの店を取り上げないわけにはいかない。

「米倉」は大正七年創業の老舗の床屋である。戦前は銀座の並木通りに装飾ゼロの四角いビルという、かなり特徴のある店を構えていた。

設計は、旧歌舞伎座を手掛けた、建築家の吉田五十八《いそや》で、彼もまた「米倉」の客だった。他に画家の伊東深水、作曲家の山田耕筰、実業家で陶芸家の川喜田半泥子《はんでいし》など錚々《そうそう》たる芸術家たちが集い、サロンのような場になっていた。芸術家ばかりではない。松下幸之助、大倉喜七郎といった名だたる実業家や河野一郎など大物政治家も「米倉」に通っていた。

理由は、「米倉」が日本一格式が高く、最高レベルの理容師がいる床屋だからだ。

戦後は同じ並木通りの朝日ビルの地下に移り、二十代のときに雑誌でその存在を知った私は、いつかは「米倉」に行きたいと願っていた。四十歳になって「そろそろいいかな」と、思い切って門を叩いた。

初めての「米倉」で驚いたのは、技術の素晴らしさもさることながら、衛生観念の高さだ。まず店に入ったときの空気が、それまで行ったどの床屋よりも清澄だった。どれだけ掃除と換気が行き届いているかが分かった。

また普通の床屋はシェービングをしてからヘアカットをする。その方が効率的だからだ。けれど、「米倉」は逆。シャンプーをしないうちにシェービングを行って、頭皮の汚れが髭剃《ひげそ》り後の敏感な肌についてしまうことを防ぐためだ。

さらに使われるタオルの多さ。ヘアカットとシェービングの工程が一つ進むごとに髪や顔が

理容米倉　東京都中央区銀座5-1 ギンザファイブ2F 電03-3571-1538 営11:00〜17:00（最終受付16時）休日曜日、祝日、1月1日〜3日

丁寧にタオルで拭かれる。これが誠に気持ちいい。聞くと、客一人に最低ドライタオル五本、蒸しタオル十本が使われるという。

仕上がりはもちろん大満足で、「さあ、これから銀座に繰り出すぞ」という気分にさせてくれた。

以来二十年間、「米倉」に通い続けている。初めて行ったときから担当してくれた四代目社長の米倉満さんが引退され、今担当してくれるのは大嶋昭格さん。昭和四十八年に十八歳で「米倉」に入り、今や銀座店を一人で任されている、「米倉」の中でもトップの理容師さんだ。

「米倉」の本店は現在、泰明小学校の裏、高速道路下のショッピングセンターの二階にあるが、緊急事態宣言でショッピングセンターが閉まっていたときも「米倉」だけは店を開けていた。

「お客様の予約が入っていますからね。開けないわけにはいきません。地方からのお客様はさすがに来られませんでしたが、東京近郊の方々は普通にいらっしゃいました。今にいたるまでコロナの影響はさほど受けていません」と大嶋さん。

緊急事態宣言が出されたとき、理容室を臨時休業させるかどうかで都と国で意見が分かれた。結局国が継続を要請し、都は休業要請を見送った。

恐らく国会議員の先生方は皆、床屋に行きたかったのではないだろうか。忙しい男にとって床屋は家庭以上にくつろげる憩いの場である。かけがえのない休息の時間を失いたくなかったのに違いない。

「米倉」の客には企業の社長さんも多い。会社の売り上げが大きく落ち込んでも、月に三度くる社長さんもいるという。

「米倉」での感染を恐れる客は一人もいない。店内がどれだけ清潔で、大嶋さんの施術がどれだけ安全であるか、絶大な信頼があるからだ。

　伝統と技術に支えられた金城鉄壁の「米倉」にはさすがのコロナウイルスも入り込む余地はなさそうだ。

3 上野で昼酒の快楽を

日本の文化と伝統を宿す三軒

蕎麦「蓮玉庵」
居酒屋「たる松」上野店
蕎麦「吉仙」

私にとって上野は、父方の祖父の思い出と深く結びついている。

佐賀県出身の祖父は戦前東京に出て、製麺機の会社を興した。製麺機とは、蕎麦、うどん、素麺《そうめん》、ラーメンなどを作る機械である。何故そんな特殊な機械の会社を興したのかといえば、佐賀が関係している。

江戸時代より佐賀では素麺作りが盛んだった。嘉永四（一八五一）年、佐賀郡巨勢村に生まれた真崎照郷《てるさと》は、素麺作りを機械式にすることを思い立ち、明治十六年、日本で最初の製麺機を開発した。

日清戦争後、製麺機の需要は高まり、事業は拡大されていった。彼の功績は高く評価され、明治四十四年の肥筑の行幸の際に真崎は工業功労者として天皇に拝謁している。

大正、昭和と製麺機の需要はますます高まり、祖父は佐賀の先人が手がけた事業に自ら取り組むことを決意したのだった。

戦後に会社を継いだ私の父と家族は北区田端の工場に隣接する家に住んでいたが、祖父は上野駅浅草口のすぐ近くに家を構え、隠居暮らしをしていた。お茶を嗜《たしな》む趣味人でもあった祖父は私が遊びに行くとよく東京国立博物館に連れていってくれた。

薄暗い展示室のガラスの中におさまった地味な茶碗にどうしてそんなに夢中になるのか、私にはさっぱり分からなかったが、後年私が美術に興味を持つようになったのは祖父とのこの時間が影響しているのかもしれない。

「蓮玉庵」に流れる長い時間の力

「蓮玉庵《れんぎょくあん》」は博物館帰りに祖父が必ず立ち寄る店だった。

この蕎麦屋の創業は安政六（一八五九）年。『江戸名所図会《ずえ》』などを著した著述家、斎藤月《げっ》岑《しん》が下谷池之端に店を出したのが始まりである。その後、数寄屋町で金物屋を営んでいた澤島家に引き継がれ、現在にいたっている。

明治時代から文人たちに親しまれ、坪内逍遥の『当世書生気質《かたぎ》』や森鷗外の『雁《がん》』に登場し、斎藤茂吉は「池之端の蓮玉庵に吾も入りつ上野公園に行く道すがら」という歌を詠んでいる。川口松太郎、久保田万太郎、谷崎潤一郎も常連客だった。

職業柄、麺にうるさい祖父はこの店の蕎麦をことのほか気に入っていた。老舗の蕎麦屋というと、手打ちにこだわりそうだが、この店は戦後すぐに製麺機を導入している。祖父の会社の機械ではなかったが、蕎麦といえば「蓮玉庵」だった。

子供の頃の私は、店の造りにも蕎麦にも派手さがないのがつまらなかったが、大人になってそうした良さが分かるようになると、上野の美術館や博物館帰りに立ち寄るようになった。

年の瀬も近い十二月二十二日午後三時に蓮玉庵を訪れた。店の場所は戦後の昭和二十九年に上野の仲町《なかちょう》通りに引っ越して以降変わっていない。久保田万太郎揮毫《きごう》の看板の下の暖簾《のれん》をくぐって店に入ると、客が一人、もり蕎麦を食べていた。

奥の席で話をしてくださったのは、六代目の澤島孝夫さんと八代目の新舘豊範さん。この店は基本的に取材お断りなのだが、担当編集者が、祖父の代から私が通っていることを説明した

蓮玉庵　東京都台東区上野2-8-7 電03-3835-1594 営11:30〜18:00(LO)、現在の営業時間については問い合わせください 休月曜日、第2・4火曜日、祝日は営業(翌日休)

ところ、特別に応じてくださった。

　昭和四十一年に店を継いだ澤島孝夫さんは八十二歳。次代に店を譲りはしたものの、今でも釜前で蕎麦を茹でている。その澤島さんがかつて経験したことがないほど令和二年は客の入りが少なかったという。

「うちは博物館や美術館の帰りにお寄りになるお客様が多いんです。ところが緊急事態宣言で全て休館になってしまいましたでしょう。これでは開けている意味がないと、四月の初めから二カ月間店を閉めました。六月に再開した後もお客様は少なかったけれど、遠くから足を運んでくださる常連さんがいらっしゃるので店は続けました。毎年十二月は午前十一時半から夜の六時まで通しで営業して、その間お客様が絶えることがないのに、今年はさっぱりで、夕方の四時には店を閉めている状態です」と、澤島さん。

　確かに、話を伺っている間に入ってきた客は一組だけ。蕎麦屋にとって十二月の書き入れ時に客が入らないのは辛《つら》いだろう。後で伺った話では、それでも大晦日は例年通り午前十一時半から夜の十一時まで通し営業をし、常連さんを中心に寛《くつろ》いでもらったという。

「もちろん消毒をしたり、マスクをしたり、席数を減らしたりなど感染対策はしていますが、コロナだからといって店の基本を変えるつもりはありません。テイクアウトや出前の需要は増えていますが、蕎麦は茹でたての美味いところを店で食べてもらいたいので、やりません。義父たちが続けてきた基本を守りつつ、自分にできることをしていきたいと思います」と、今店を任されている新舘さんは語った。

小たまねぎの天ぷらを食べながら酒を呑み始めた。酒は菊水の辛口一種類だけ。こうしたところに老舗の余裕が感じられる。

鴨の燻製《くんせい》、卵焼きと蕎麦屋のつまみの定番を食べ、追加で天ぷらの盛り合わせも頼んだ。この取材を始めてから、食欲が昂進している。有り難いことだ。

最後はもり蕎麦で〆た。表面は滑らかで口にするっと入るが、しっかりと腰があり、汁のからみもいい。

蕎麦を食べているうちに心が伸びやかになってきた。この店に流れる長い時間の力だろう。その時間は上野という場所と結びついている。こうした店は一度失われたら二度と取り戻すことはできない。

「たる松」で昼の上野を満喫する

「たる松」の歴史は、戦後間もなく上野に開店した食堂に始まる。昭和二十九年、三増酒《さんぞうしゅ》など粗悪な酒が席巻していた当時に良質の酒を提供したいと店主の吉松さんが樽酒を揃えたのが居酒屋としての原点になった。

現在店はアメ横近くのガード下に本店、丸井の近くに上野店がある。母体は同じだが、酒の仕入れから料理のメニューまで店長の裁量に任されていて、それぞれに特徴があり、客層も異なる。

私が行くのは上野店だ。一階がカウンターとテーブル席、二階が座敷になっていて、通常一階は午前十一時から夜の十一時まで通しで営業している。

かつてカメラに熱中していた時期は、アメ横のカメラ屋をひやかした後に寄って、一人で酒を呑んだ。私以外にも昼から酒を呑んでいる客が普通にいて、居心地がいい。

上野公園の存在が大きいと思うが、上野は実に昼酒の似合う町だ。茂吉の歌にあるように、上野公園に行く、あるいは帰る道すがら、昼酒を楽しむ人が多いのだろう。

たる松 上野店　東京都台東区上野6-8-10 電03-3835-1755 営11:00～22:00(LO)、現在は11:00～19:00(LO) 休無休(大晦日と元旦は休)

「四月の緊急事態宣言のときは午前十一時から午後八時まで店を開けていましたが、お客さんが少なかったので二階は閉めていました。二階を開けたのは七月からです。夜よりも昼のお客さんがいなくなったのが痛いですね。午後二時から四時くらいに利用するのは、定年を迎えた男性のグループが多かったんですが、そうしたお客さんがごっそりいなくなりました」

店長の山田隆志さんが語った。取材は十二月半ばの平日のまさにその時間帯で、一階には何組かのお客さんが入っていたが、グループの姿は見られなかった。

「うちはそもそも宴会料理を出していないので、団体のお客さんは来ないんです。だから毎年十二月の売り上げはそれほどよくない。その分一月にお客さんが増えるんですが、来年は厳しそうです。基本的な感染対策をして、傷《いた》みの早い食材をはずしてメニューを減らすなど、できることをしながら今後については考えていきたいと思います」

取材の後、一階のカウンターで酒をいただいた。まず、さばのへしこをつまみながら、酔心《すいしん》の樽酒を枡《ます》で。

ここのつまみは、明太からすみ、つぶ貝わさび、あさり燻製など酒飲みにはうれしい渋いものから焼き魚や鶏のから揚げといったポピュラーなものまで幅が広く、しかも安い。

この店は坪内祐三さんとの対談でもよく利用した。

令和二年一月に亡くなった坪内さんと私は『週刊ＳＰＡ！』で「文壇アウトローズの世相放談　これでいいのだ！」を平成十四年から三十年まで十六年間、担当した。毎回どこか店を決め、飲み食いしながら文学、政治、スポーツ、芸能など多岐にわたるテーマを語り合った。我々は保守論客で仲がいいと見られていたけれど、実は多くの点で反りが悪かった。ただ二人とも「保守とは横町の蕎麦屋を守ることだ」という福田恆存《つねあり》の言葉を信条としていた。

店の好みも全く違っていたけれど、たる松は二人とも気に入っていた。

坪内さんが好きだったハムカツを食べながら、今、坪内さんが生きていたら、コロナの状況についてどんな対談になっただろうと想像した。

「吉仙」の苦闘　もてなしへの志

「吉仙《きちせん》」は日比谷線仲御徒町の1番出口を出てすぐ、昭和通り沿いのビルの地下にある。知人に教えてもらい、気に入って利用するようになった。

新橋に本店がある本陣房系列の店で都内に姉妹店が十店舗ほどあるが、私が行くのはいつも吉仙である。

蓮玉庵とは、ある意味対極にあるような店で、六十種類以上の地酒と産地直送の魚や季節の野菜料理などをずらりと揃え、蕎麦は江戸手打ちにこだわる。

夜に大人数でおしかけて楽しむのにいい店だが、人気店で、早い時間でも予約を入れないと入れない。

年が明けた一月七日の午後四時半から、店長の山田教位さんにお話を伺った。

山田さんはコロナ感染拡大まっただなかの昨年八月に新橋の本陣房からこの店に来たという。

「昨年の十二月は本当に驚くくらい暇でした。昼に酒を呑みに来ていた地元のお客さんが来なくなり、夜は夜で会社帰りのお客さんが来ない。たださすがに大晦日は昼の開店から夕方の閉店までお客さんが絶えることはありませんでした。例年のように相席ができないので、店の外まで長い列ができてしまい、申し訳なかったですね。年明けは四日から営業していますが、とにかく暇です。いつもは昼も夜も予約で埋まるのに、今年はまだ一件の予約も入っていません」

吉仙　東京都台東区台東4-8-5　T&T御徒町ビルB1F　電03-5688-1200　営月～金11:30～14:30(LO)、17:00～21:30(LO)、土、日11:30～20:30(LO)、現在の営業時間については問い合わせください　休無休

年明けからの感染拡大の報道は異常だった。東京の感染者がやれ千人を超えた、二千人を超えたと騒ぎ立て、とうとう八日から東京、神奈川、千葉、埼玉で緊急事態宣言が出され、翌週には大阪、京都、福岡など七府県が追加された。

冬に感染が拡大することはあらかじめ予想されていたことではないか。今頃になって緊急事態宣言を出すより、新型コロナウイルスを指定感染症の第2類相当からはずしてコロナ患者を受け入れられる病院を増やすべきだと素人の私でも考えるのに、そのことに積極的な専門家がいないのはどうしてなのだろう。

いささか重い気持ちで酒を呑み始めた。初めに純米の「五《ご》凛《りん》」を冷やで呑み、次に枡酒。白子と舞茸《まいたけ》天、鴨の九条葱《くじょうねぎ》たれ焼きなどをつまみ、店の名物の手打ちの三色そばをいただいた。

酒を呑んでいる間に二組のお客さんが入ってきた。こんなにすいている店内を見るのは初めてだ。いつ来ても満席で、賑《にぎ》やかな店だったのだが……。

「コロナがある程度おさまっても、前のようにたくさんのお客さんを入れるということはしないと思います。混雑している店はお客さんに嫌がられるでしょうから、ゆったりした空間を心がけるつもりです」

飲食店は料理や酒を出して利益を得ているだけの存在ではない。店主はそれぞれ、こんなものを世の中に提供したいという志をもって開業し、それが支持されて繁盛店にもなり、何代も続く老舗にもなる。その営為は日本の伝統や文化と結びついている。

政府は、今のコロナ対策が日本人の志を、日本の伝統や文化を破壊していることを自覚すべきだ。

菅総理よ、初めから自助や共助に頼るな。総理大臣なら、公助だけで国民を救うことを考えろ！

4 浅草アナーキーと気骨の店の奮戦

仕事で勝負する二軒

居酒屋「たぬき」

寿司「468」

令和三年一月、緊急事態宣言が発令されて三週間後の金曜日に浅草を訪れた。思っていたよりも人が出ていて、雷門前では人力車が客引きをしていた。仲見世もほとんどの店が開いており、和服姿の女性の姿もちらほら見られた。

この日の東京都の新型コロナウイルス感染者は八六八人。二月七日までの緊急事態宣言を延長するかどうかの重要な局面だとマスコミは騒いでいたが、人々は穏やかに日常を楽しんでいる様子だった。

ただどうしてなのだろう。いつもの浅草と何処かが違うような違和感を覚えた。

同じ台東区でも、上野と浅草では大きく文化が異なる。

上野の寛永寺は寛永二（一六二五）年に天海が幕府の命によって創建した将軍家の菩《ぼ》提《だい》所である。幕府の手厚い保護によって隆盛を極め、その膝元の上野は武家の町として発展した。

一方浅草寺は推古三十六（六二八）年、隅田川で発見された観音像を祀《まつ》ったことが起源とされる。武士が天下をとった鎌倉から安土桃山時代までは、寺内に侍が馬を乗り入れるのを禁じ、武家権力の介入を拒否し続けた。江戸時代も初期まではその姿勢を貫いており、浅草は古来民衆が平和に暮らす町だった。

ところが元禄になると、将軍家は浅草寺を無理やり寛永寺の統制下に置き、浅草の町も江戸に組み入れられてしまったが、住民たちは水面下で武家権力に抗《あらが》い続けた。

こうした気風は時代が変わっても変わらず、浅草は世にはびこる権威や秩序、常識を否定するアナーキーな町だったのである。

私にとって浅草は小さい頃からなじみのある町ではあった。

母方の祖母に観音様に連れていかれ、線香の煙を、しつこく頭になすりつけられたことは覚えているし、怪獣映画に連れていってくれた父に玩具を買ってもらった記憶もある。すき焼きの「ちんや」には家族でよく行った。けれど、上野に感じるような郷愁はない。

ホッピー通りに軒を連ねる居酒屋

浅草に興味を持ったのは、写真を撮り始めてからだ。

私の被写体は人や自然ではなく、壁のしみやへしゃげた屋根や建物の影。カメラを持って歩いていてそういうものに出くわすと、何故か吸い寄せられてしまうのだ。

浅草は壁のくすみがとてもよかった。古い建物だったら、別に何処でも同じじゃないかと思うかもしれないが、そうじゃない。

京都や奈良の、それだけで美術品だという佇《たたず》まいではないし、かといって大阪の法善寺とか石切さんというような、土俗がしみついたものでもない。微妙に歴史と日々働いている人たちの信仰がないまぜになったような、そういう不思議な佇まいからフォーカスしていった壁のしみに、浅草の町の本質が現れているように、私には思えた。

仲見世通りを浅草寺の手前で左に折れて、伝法院通りを少し歩いた所にホッピー通りはある。

本当は「公園本通り」なのだが、ホッピーを飲ませる居酒屋が軒を連ねていることから、いつしか「ホッピー通り」の名前がついた。自然にこうした場所ができてしまうところが浅草だ。

ここでは、どの店も店の外にテーブルと椅子を出していて、新型コロナの感染が拡大する前は、平日の昼間でもみんな気持ちよさそうに外でホッピーを飲んでいた。

念のため説明すると、ホッピーはホッピービバレッジという会社が開発したノンアルコール飲料である。麦芽とホップで作られ、アルコール度数は〇・八パーセント。ただこれだけで飲む人は少なく、普通は焼酎をホッピーで割って飲む。

焼酎とホッピーのセットがだいたい四百円くらいでビールよりも安い。たいていの店は、そのままの「白」と黒ビールのような苦みと香ばしさを持つ「黒」の二種類を揃えている。

そんなホッピーを売りにする店ばかりがこの通りには二十軒以上並んでいるのだ。

店の佇まいや料理に個性があって、それぞれ常連客を持っている。個性を形成している一つに牛スジ煮込み、牛モツ煮込みがある。どの店も決まって、店自慢の煮込みを出しており、この通りを「煮込み通り」と呼ぶ人もいる。

「たぬき」の一本筋の通った料理

通りに入ると、ずらりと並んだ店はどこも開いていて、客の姿もちらほら見られた。

「鈴芳」「正ちゃん」など有名店もあるが、私が行く店はいつも「たぬき」である。伝法院通りから行くといちばん奥、場外馬券場のすぐ近くにある。気に入っている理由は、店の設《しつら》いや

たぬき　東京都台東区浅草2-5-12 電03-3844-6346 営 平日14:00～20:00(閉店)、土日12:00～20:00(閉店)、現在の営業時間については問い合わせください 休 水曜日、木曜日

料理に一本筋が通った気骨が感じられるところだ。

例えば煮込み。トロトロに煮込んだ牛スジと細かく切った人参、こんにゃくが入っているが、くどさが全くなく素材の味が生きていて、丁寧に下ごしらえされていることが分かる。

午後三時半に店に行くと、客は誰もおらず、女将《おかみ》さんと女性の店員さんが二人でぼんやりテレビを見ていた。前に来たときは暖かい時期だったこともあり、店内も屋外席も人でいっぱいだった。

女将さんの名前は長崎弘子さん。昭和四十六年にご主人がこの店を始めて以来手伝ってきたが、数年前にご主人が亡くなったので、店を引き継いだという。

「浅草寺さんがあるんで、このあたりの店は、大げさな話ではなく、お正月に一年分を稼ぐんです。ところが今年は元旦から閑古鳥。こんなことは五十年店をやっていて、初めてです」と、長崎さん。

正月三が日に浅草寺に来たことがあるが、参拝客の列が寺から雷門をはみだして続いていた。その客が消えたのだ。窮状は容易に想像できる。

「去年は二月頃から平日は暇になりました。四月に緊急事態宣言が出されると、場外馬券場もしまってしまい、土日のお客さんもいなくなりました。店は時短で開けていましたが、とにかくお客さんが来ない。昨年の売り上げはおととしの五分の一です。店が小さいから、給付金や助成金でしのいでいますが、すぐそこの『まるごとにっぽん』のビルは閉館してしまいました。淋《さび》しいですね」

「まるごとにっぽん」は全国各地の人気店舗や自治体のＰＲ施設が出店する観光施設で、平成二十七年にオープンして賑わっていたが、客が来なくなったので、営業を終了し、全く別の施設として再オープンするという。

「昨年の店にとって明るい話題は、『半沢直樹』のドラマのロケで使われたことですね。第一回で半沢と友人の渡真利《とまり》が二人で話すシーンがこの店の屋外席で撮られたんです。撮影当日は、堺さん、及川さんをはじめスタッフさん、エキストラさんで大賑わいでした」

ちょうど私の席の後ろにロケの写真が貼られていた。総勢百人を超えると思われる人たちが店の前に集合している。

ホッピーの白と黒と焼酎のセットをもらい、飲み始めた。「今日の口開けですよ」と女将さんが悦《よろこ》んでくれた。

つまみはもちろん、煮込み。一口食べて、「そうそう、この味だ」と納得する。一皿はすぐに食べきってしまったので、もう一皿追加した。その他に、はんぺん、しいたけ、はたはた、つくねなどを焼いてもらう。

「まだもらっていませんけど、とにかく助成金頼みです。ただそれがなくなったら、どうしたらいいのか分かりません。政府に訴えようにも何を訴えたらいいのか、よく分からないんです」

ビニールシートで仕切られた厨房の中で長崎さんが言うのを聞いているうちに、仲見世通りで感じたあの違和感がよみがえってきた。

抜群の美味「468」の棒寿司

ホッピー通りからさほど遠くないところに、「すしや通り」がある。明治時代、雷門から六区に通じる百メートルほどの道に十八軒もの寿司屋が連なっていたことから名づけられた道で、今でも明治創業の寿司屋が営業しているが、私の目指す店はそこにはない。

浅草ビューホテル近くに聳《そび》え立つ高層マンションのすぐ横に、ひっそりとその店は建っている。

ちょっと見ただけでは寿司屋とは思わないだろう。何しろ店名は「468」。これで「ヨーロッパ」と読む。しかも握り寿司ではなく、棒寿司専門の店なのだ。

結局緊急事態宣言は栃木県を除いて延長され、その二日後の二月九日の午後三時に店に伺った。

この店は京都の名店「すし岩」で修業した岩崎康次さんが平成十七年に開いた。京都の市外出身の岩崎さんは、地元に戻って店を開くよりは東京で棒寿司の店をやってやろうという気概を持って上京してきた。浅草にこだわりがあったわけではなく、たまたまお世話になった浅草の不動産屋さんが親切な人で、岩崎さんの条件に合う物件を探してくれたのだという。

「浅草にして結果的によかったですよ。繁華街からは離れていますが、家賃は安いし、焼き鳥屋の居ぬきだったので、設備投資もいりませんでした。何より、浅草の人は京都と違って、裏表がない。頑張っている人間に対して親切で、不動産屋さんをはじめ、いろいろな人が助けてくれました」

確かに権威を重んじ排他的な京都と浅草では人間が一八〇度違うだろう。たいして宣伝もしなかった店は、なじみになった地元の客人がどんどん人を連れてきてくれ、次第に繁盛していったという。ネットの効果もあって、今や知名度は全国区だ。

「カウンター席六席の小さな店ですし、人も雇っていませんから、コロナの影響といっても大

468 東京都台東区西浅草3-23-14 村作ビル101 電03-3843-6964 営13:00～19:00(閉店)、現在の営業時間については問い合わせください 休日曜日、月曜日

きな店に比べたら、それほど深刻ではありません。去年の四月から二カ月間は土日のテイクアウトだけにして、店を休みました。この商売をしていて、二カ月の休みなどありえませんからね。日頃かまってやれない小学六年と四年の子供と毎日遊んでいましたよ」

　棒寿司はテイクアウトに適しているし、ここほど美味しい棒寿司は東京にはそうないので、需要は絶えないだろう。事実、取材をしている間にも何人かのお客さんが予約した寿司を取りにきていた。

　店が無事に営業を続けていることにほっとして酒を飲み始める。

加賀《かが》鳶《とび》を冷やで飲みながら、あん肝、ほたるいかの一夜干し、からすみ、鴨ロースをつまみ、丸鍋をいただいた。この店の丸鍋はどじょうではなく、すっぽんである。どれもうまい。

　お客さんが少なくなっても、きちんとした仕事をして質を落としていないところがえらい。

「問題は今後ですね、インバウンドのお客さんが増えたときにコミュニケーションツールとして始めたインスタグラムが今の状況には非常に有効です。これを生かした新展開を今考えています」

　〆は穴子とぐじの棒寿司。久しぶりの関西の味を堪能しながら私は、あの違和感について考えていた。

　権威と秩序を否定し、とてつもなくアナーキーだったかつての浅草は今、消えつつある。時代の流れもあるだろうが、新型コロナの感染拡大がそれを助長していることは確かだ。

5 神保町で本を買い、洋食を食べる

客との信頼関係を大事にする二軒

洋食「キッチン南海」

ビヤホール「ランチョン」

神保町には中学生の頃から通っている。縁が深くなったのは、高校一年のときだ。慶應義塾高校という遊び人が集まる高校に入った私は遊ぶ金に窮していた。

ある日、週刊誌の記事で初版本が高価だということを知った。例として挙げられていた本の中に、父親が持っている本があった。

松本清張の『戦国権謀』である。記事には「五万円」！　と書かれてあった。納戸にしまったまま忘れ去られていたので、その本と初版と書かれている本を掘り出して、記事に載っていた古書店の一軒である「田村書店」に持っていった。

怖いもの知らずとは、このことだ。

田村書店は明治三十七年、漢書の専門店として創立し、昭和二十年に三代目の奥平智さんが継いでからは、フランス、ドイツ文学を中心に洋書の原書や稀《き》覯《こう》本を扱うようになった。神保町の古書店の中でも老舗中の老舗。しかも本好きの人たちの間で、奥平さんは気難しい主人として知られていた。

そんなことも知らない高校生が小遣い銭欲しさに父親の本を売りに行ったわけなのだが、客としてきちんと対応してくれ、件《くだん》の松本清張と井伏鱒二の本を合わせて四万円で買ってくれた。

その後、田村書店が何たるかを知り、大学に入ってフランス文学をやるようになると、関わりは深まった。

神保町には百八十店もの古書店が集まっているが、三省堂書店本店、東京堂書店、書泉グランデと、駅から百メートル圏内に新刊書の大手書店もある。こんなにたくさんの書店が集まっている街は世界でもめずらしい。

幕府教学の本山である、昌平坂学問所が湯島にあったことから、江戸時代から神保町には書を扱う店が点在していた。御一新後は、神田に法律学校が次々に建ち、それらは明治大学、法政大学、中央大学、専修大学となっていき、神保町は教員や学生が集う街となり、本屋が増えた。

「キッチン南海」が存在する「文化」

私は中学生から通っているわけだが、その頃から本屋に行くと必ず立ち寄る店があった。

キッチン南海である。一九六〇年、私が生まれた年に飯田橋に誕生し、六六年に神保町に移転した洋食屋だ。

店はすずらん通りにあって、歩いていればすぐ分かる。営業時間中は行列が絶えることがないからだ。

人気の理由は、安さとうまさと量の多さ。トンカツ、チキンカツ、コロッケ、えびフライ、ひらめフライなど揚げ物や生姜焼き、カレーをミックスさせた定食で、神保町に集う学生やサラリーマンの胃袋を満たしてきた。

例えば人気メニューの一つに、「ひらめフライ生姜焼きライス」がある。からりと揚げられたひらめとジューシーな豚肉の生姜焼きの取り合わせが、信じられないくらい美味いのだ。こ

キッチン南海神保町店　東京都千代田区神田神保町1-39-8ハウス神保町1F 電03-3219-1616 営11:15〜15:00(LO)、17:00〜19:30(LO)、(いずれも売り切れ次第終了)、現在営業時間については問い合わせください 休日曜日・祝日

れで値段は九百円。

しかし、私がこの店で食べるのは、いつもカツカレーである。ご飯の上に黄金色に揚げられたカツとキャベツがたっぷり載せられ、そこに煮込まれた欧風の黒いカレーがかかっている。かなりのボリュームだが、七百五十円。昔はもっと安かった。

一体これまで何杯このカツカレーを食べたことだろう。店の前の列に並び、席に通され、カツカレーが運ばれてきて、一口食べたときの感動は何回食べても、変わることはなかった。

私は保守として、堂々「靖国神社よりもキッチン南海を守る」と公言してきた。

もちろん、英霊を祀り、敬慕するのは、現在を生きる私たちの務めである。けれど同時に、神保町のような街に、安くて旨くて繁盛しているキッチン南海のような店があるということもまた、長い時間をかけて作られてきた、日本人の文化や精神生活の結晶なのだ。

ところが、そのキッチン南海が令和二年六月二十六日に閉店してしまった！

理由はコロナではなく、店が入っていたビルが老朽化のため建て替えることになったためだという。最終日には当然、長い長い列ができた。私は行けなかったが、夜のニュースでその様子を眺めながら、生きる支えが一つ失われてしまったことに肩を落とした。

しかし、翌月の七月二十九日に、前の店からさほど遠くない場所に、新キッチン南海神保町店がオープンした！　キッチン南海で二十年以上料理長を務めていた中條知章さんが出店したのである。

緊急事態宣言再延長期間中の令和三年三月十五日の午後三時少し前に、初めて新店を訪れた。場所はすずらん通りを靖国通りに向かって進み、千代田通りの一本手前の道を右折してすぐのところ。店の前に列ができていたので、すぐに分かった。

前の店と同じロゴの看板が掲げられ、赤いひさし屋根も同じだった。

列に並んでいると、厨房の窓からコック服を着た男性が「福田さん、お久しぶりです」と声をかけてくれた。

旧店の料理長で新店店長の中條さんだった。

昼の営業時間が終了する時間帯なので、列も短く、五分ほどで店内に入ることができた。

テーブル席はなく、厨房側と窓側にそれぞれカウンター席が設えてあって全部で十五席。写真を撮りやすいようにと、窓際の席を用意してくれた。

まずはとにかくカツカレーをいただく。

待つこと三分。運ばれてきたカレーは見た目も味も一口目の感動も、何一つ変わっていなかった。同じ人が作っているのだから当たり前なのだが、嬉しかった。

三時過ぎ、まだお客さんが数人残っている店内で中條さんに話を伺った。

話をするのは平成十二年に『週刊ＳＰＡ！』の「罰あたりパラダイス」という連載で取材して以来だから、二十年ぶりだ。

「あれだけお客さんがついてくださっていた店ですから、やめてしまうのは惜しいと思い、私が独立して後を引き継ぐことにしました。場所は前の店と同じ、神保町一丁目の奇数番地にこだわり、ここにきめました。メニューも値段もほぼ同じで、コックは前の店の人に来てもらいました。コロナまっただなかの昨年七月二十九日のオープンでしたが、初日から昼も夜も行列ができ、今にいたるまでそれは続いています。営業時間が昼は午前十一時十五分から午後三時、夜は午後五時から七時半ですから、時短の影響はありません」

　コロナの影響で混んでいる店は嫌厭《けんえん》されるようになったが、キッチン南海は別のようだ。この店には、席と席の間のパーテーションもない。

「一人でいらっしゃる方がほとんどで、皆さん黙食してくださるので、パーテーションはあえてつける必要はないと思いまして。前の店のようなテーブル席がないので、相席もありませんしね。相席がないので、女性のお客さんが増えましたよ」

　キッチン南海のお客さんが感染に無頓着なわけではない。自分でできる感染対策をして、自分の意志で食べたいものを食べているのだ。右にならえではなく、自分の価値観を大切にする人間を私は信頼する。

　コロナに負けず、今、ここにキッチン南海が存在していること、それを支えている日本の文化に感謝した。

変わらない「ランチョン」の魅力

ランチョンも神保町に行くと必ず立ち寄る店の一つだ。

この店は創業明治四十二年の老舗ビアレストラン。さすがに中学生、高校生には敷居が高いので、通い出したのは大学に入ってからだった。書店をめぐって本を買い込み、この店の窓際の席を陣取って、買ってきた本をめくりながら、メンチカツをつつきビールを飲む快楽はたまらない。

同じく緊急事態宣言再延長期間中の三月九日、午後四時過ぎに店を訪れると、店内は年配の

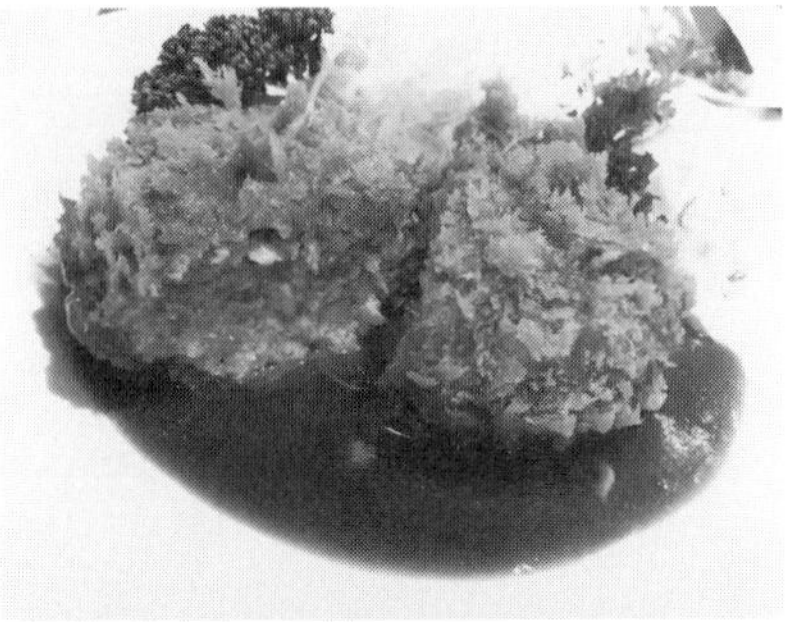

ランチョン　東京都千代田区神田神保町1-6 電03-3233-0866 営平日11:30～21:30、土11:30～20:30、現在の営業時間については問い合わせください 休日曜日・祝日

お客さんで賑《にぎ》わっていた。

今の店主の鈴木寛さんは四代目で、創業者は曽祖父の治彦さん。しかし、明治四十二年といえば、日露戦争の戦費負担の影響で日本中が貧しかった頃である。そんな時代によくビールが飲める洋食屋など開業できたものだと、まず店の創業について伺った。

「それについては何も分からないんです。曽祖父がどういういきさつで店を始めたのか、店がどれくらいの規模だったのか、どんな料理を出していたのか、何の資料もありません。ただ開業したときに店に名前がなく、東京音楽学校（現・東京藝術大学音楽学部）の学生さんたちが『ランチョン』という名前をつけてくれたことだけは分かっています」

その後、関東大震災で店は焼け、区画整理で今の場所に移ったが、太平洋戦争の空襲では焼けなかった。ランチョン周辺の書店が集中する区域だけ、まるで切り取ったように残ったのだ。米軍がその界隈を爆撃の対象からはずしたことは明らかで、日本学の草分けで夏目漱石の門下だった、白系ロシア人のエリセーエフが日本の知の中枢を守るために進言したと言われているが、さだかではない。ランチョンは戦中・戦後を通して営業し続け、現在にいたっている。

そうした長い歴史を持つランチョンにとって、昨年から今年にかけては、かつて経験したことのない苦境の日々だという。

「昨年四月の緊急事態宣言のときはひどかったですね。都知事が『ステイホーム、ステイホーム』とうるさく言うものだから、お客さんは昼に二、三組入るだけで夜はゼロ。仕方がないので土曜日は店を閉めましたよ」

ランチョンが土曜日に店を閉めた！　この店は平成二十三年の東日本大震災の翌日の土曜日も営業していたのだ。私は坪内祐三さんとの公開対談が東京堂書店であって、その後、関係者一同集まって、この店でビールを飲んだ。

「ビールが売りの店なので夏に稼がなくちゃならないのに、売り上げは例年の半分以下。その上、忘年会も新年会もなし。場所がら、出版社の会食が多いんですが、それもなくなりました」

持続化給付金や感染防止協力金でしのげているのかと思ったが……。

「気休めにしかなりませんよ。一日六万円の協力金で東京の七割の店が黒字になるそうですが、うちは百十席ですから、コックが五人、ホールが五人います。一日六万円払うから、通常営業させてほしいですよ。飲食店が感染の原因になっているという実証はない。政府が感染症対策の指針を出すのは当然ですが、一律の営業時間を強いるのはやめてほしい」と、鈴木さんは怒りの声を上げた。

この店は代々、その技を持っている店主しか生ビールをつげないことになっている。今は鈴木さん以外にお嬢さんがつげるようになったそうだが、店が忙しくなってきたので鈴木さんはカウンターに戻り、私は飲み始めることにした。

まずは生と黒生をブレンドしたハーフ＆ハーフ。キレとコクのバランスがよく、直伝の技による泡立ちもいい。この店は大日本麦酒（現・アサヒビールやサッポロビールの前身）の工場が近くにあったこともあり、今でもアサヒのビールを出している。

つまみはビーフパイ。作家で英文学者の吉田健一ゆかりのメニューだ。中央大学で教鞭《きょうべん》をとっていた吉田は度々ランチョンを訪れた。彼は好物のビーフシチューを、話をしながら、かしこまってナイフとフォークを使わずに食べたいと言い、それに応えて作ったのがビーフパイだった。

さっくりしたパイと濃厚なビーフシチューの組み合わせが絶妙だ。あっという間にビールはなくなり、次は趣向を変えてピルスナーウルケル。塩タン、ランチョン風ポテト料理を追加し、最後はもちろんメンチカツ。

店自慢の一品だ。特製のパン粉を使い、絶妙の具合に揚げられたメンチカツはナイフを入れた瞬間に、そのうまさが分かる。メンチの味に負けない黒ビールを合わせた。

「コロナだからといって店の何かを変えるつもりはありません。お客さんから『いつ来ても変わらないね』と言われると嬉しくなります」と鈴木さん。

本の街だからこそ、神保町は残った。その文化を守るため、今年も神保町の本屋で本を買い、キッチン南海でカツカレーを食べ、ランチョンでビールを飲むぞと、心に誓った。

保守の前衛《アヴァンギャルド》1

角川春樹と「人間への敬意」

角川春樹さんに初めてお会いしたとき、こんなことを言われた。

「君のオーラは黒い。黒い人間というのはめずらしいぞ」

群馬県嬬恋《つまごい》村に「明日香宮」という神社を所有し、自身が宮司になって奉仕している角川さんは小さい頃から強い霊感の持ち主だったという。私はその方面はからきし疎《うと》いので、いきなり「君のオーラは黒い」と言われて面食らったが、稀《まれ》に見る強いオーラだと誉めてくれたらしい。

角川さんと私は、角川春樹事務所が設立されて以降のつき合いだ。

平成五年八月、角川書店の社長だった角川さんが麻薬取締法違反等で逮捕されたとき、連載していた『マガジンＷＯｏｏｏｏ！』という雑誌に好き勝手なことを、とはいえ私なりに角川さんを支持する内容の記事を書いた。そうしたことも縁になって、仮釈放中に新しく立ち上げた会社で私の本を出してくれることになり、お目にかかったのだった。

その後、親しくつき合ってもらえるようになったわけだが、果たしてこれを「交際」と呼んでいいのかどうか分からない。私としては、大洋で白長須鯨の巨大な相貌の片鱗《へんりん》を、ちらっと見たぐらいのことではないか、山中の無何《むか》有郷《ゆうきょう》から現れたマレビトの挨拶を受けただけではないか、という気がしている。

神的スケールの俳人・角川春樹

昭和五十一年十月、角川映画初作品である『犬神家の一族』が公開されたとき、私は十六歳で、慶應義塾高校の一年生だった。自由な気風の学校で、というより私が自由に振る舞っていただけなのだが、朝のホームルームで出席をとった後は学校を抜け出して、毎日のように映画館に通っていた。

それだけ映画に夢中だったにもかかわらず、『犬神家の一族』は見ていない。「あんなちゃちなもの観ねぇよ」と、同級生と一緒に同時期に公開された『やくざの墓場　くちなしの花』（深作欣二監督）を観に行った。ちなみにつき合ってくれた同級生とは、現在映画制作者にして映画史家の伊藤彰彦くんである。

当時角川書店は映画の翻訳本で大きな収益を上げていたが、編集局長だった角川さんはそれまでにない日本映画を作ると同時に、原作本を売ろうと大きな賭けに出た。結果は、大当たりだった。封切り初日、日比谷の映画館の前にできた長蛇の列はニュースになり、映画は十五億円の配給収入を上げた。

以降も、『人間の証明』、『戦国自衛隊』と立て続けにヒットを飛ばし、薬師丸ひろ子、原田知世など新しい才能を発掘してブームを引き起こし、出版と映画と音楽のメディアミックスでビジネスのあり方全般を一新、若くして映画界を席巻した風雲児、角川春樹の活躍ぶりは周知の通りである。

しかしながら、とんがり坊主だった私は、角川映画には全く興味が向かなかった。最初に観た角川さんプロデュースの映画は昭和五十四年公開の『白昼の死角』（村川透監督）であるが、原作者の高木彬光《あきみつ》のファンだからという単純な理由だった。そもそもこの映画は角川さんがプロデューサーとして東映に招聘《しょうへい》されて作った作品であって、角川映画ではない。

私が心底感動した角川映画は、『蒲田行進曲』（昭和五十七年、深作欣二監督）と『麻雀放浪記』（昭和五十九年、和田誠監督）である。ただそれも、つかこうへいと和田誠の天才ぶりに打ちのめされたのであって、角川映画ということは意識しなかった。角川さん自身が監督した『汚れた英雄』、『愛情物語』、『天と地と』は見ていない。

このように私は、映画人としての角川春樹には全く興味を持っていなかったのである。

カエサルの地はカエサルへ

源義忌

角川さんの第一句集『カエサルの地』の表題となった一句である。
「カエサルの地はカエサルへ」という云《い》い回しが、新約聖書ルカ伝に由来することは想像がつく。

日々イエスを支持する民衆が増加していくことに危惧を抱いたエルサレムの権力者たちは、イエスを陥れようと試みる。信者を装った手先を用いて、イエスがローマへの納税を神の名によって否定する言質《げんち》をとろうとしたのだ。「我々が（ローマの支配者である）カエサルに貢を納めるのは善か悪か」と問う間者にイエスが逆に問う。「貨幣を見よ。そこに刻まれているのは誰だ？」。間者が「カエサルです」と答えると、イエスは言った。「ならばカエサルの物はカエサルに、神の物は神に納めよ」

この一節は、古来、イエス自身が政教分離を示したものとして、政治学者、宗教学者たちに重要視され、また便利にも使われてきた。

だが、角川さんが「カエサルへ」と云う時に響いてくるのは、穏健かつ合理的に祭祀《さいし》と政治の間に一線を引くのではなく、むしろ殉教の危機に触れての恍惚感であり、同時に狡猾に危地を逃れてみせるという、図太さの発想である。私はその禍々《まがまが》しさにしびれた。

しかし何故「カエサルの物」ではなく「カエサルの地」なのか――。

私なりに解釈すると、「カエサルの地」とはこの世のあらゆる領土を象徴する言葉ととれる。つまり、カエサルの土地を返還すると語る人間は、領土を返還した後、地上の君主とは別の方法で、より高く本質的な法と力によって君臨しようというのである。

このような言挙げは異様だが、その異様を正当化しているのが、下句の「源義忌」、父角川源義に対する、角川さんの強い対峙の姿勢である。

角川書店の創業者にして、国学者、俳人でもあった源義氏は学術出版にこだわり、エンターテインメントなど邪道だと言って、死ぬまで角川さんを認めようとしなかった。父と子の確執は角川さんに死を思わせるほどのものであったという。

角川さんが俳句を始めたのは、源義氏の死後である。

父の忌日に、カエサルの領土をカエサルに戻すと宣言する。初めから、人間たちの世界とは別の、各段に大きく、根源的な、空間が角川さんの俳句の舞台であり、発するのは、神話すら語り得ない、神々の感慨にほかならない。

私が角川春樹という人間に最初に注目したのは、俳句によってであった。

「生涯最後の映画」が描く市井の人々

平成十六年四月十五日、仮出所した角川さんと四年ぶりに再会した。

約束の午後六時少し前に、私の友人、澤口知之の店「リストランテ・アモーレ」に着くと、すでに角川さんは席についていた。笑っていた。何一つ変わっていなかった。私は前に立ったまま、言葉が出なかった。

平成十二年、最高裁で四年の実刑が確定したとき、角川さんは胃癌を患っていた。収監直前に胃の四分の三を切除するという手術をしたため初めは八王子医療刑務所で服役したが、その後静岡刑務所に移った。昼間は寿司を入れる箱を作るなどの作業に従事し、夜は就寝まで本を読み、毎日必ず一句俳句を詠むという生活だったという。

角川さんが無罪なのか有罪なのかは、私にとってはどうでもいいことだった。取り締まる側には取り締まる側の理屈があるのだろうが、大事なのは逮捕された角川さんが一度も頭を下げなかったことだ。

とにかく罪を認めて、ひたすら低姿勢に出て、恭順の意を呈すれば、刑務所に入れられることはなかっただろう。けれど、角川さんは謝らなかった。昂然《こうぜん》と胸を張って、戦い続けた。

それが角川春樹だからだ。

この日のために澤口が焼き上げたローストビーフに「旨い、ありがとう」と舌鼓を打ちながら角川さんは言った。

「刑務所に入って、人間というものがよく見えた。裏切る奴と裏切らない奴。その何があっても裏切らない、本当の友情、それをまず大事にしていこう、精神の無頼性を大事にしていこう」

間もなく角川さんが「生涯最後の映画」と語る『みをつくし料理帖』が公開される。

試写を見て、驚いた。スペクタクルシーン一切なしに、人のしぐさや表情を丁寧に濃《こま》やかに追うことで市井に生きる人々の姿を描いていたからだ。

初期作品の『野性の証明』の戦車の大軍、『復活の日』の潜水艦に始まり、『天と地と』の川中島の合戦、そして出所後の初作品となった『男たちの大和／YAMATO』の実物大の戦艦大和と、「角川映画」はスペクタクルありきだった。壮大なシーンで観客を驚嘆、圧倒、陶酔させることが角川さんにとっての映画だったのだ。

髙田郁《かおる》原作の『みをつくし料理帖』は、享和時代の江戸が舞台である。神田御台所町の料理屋「つる家」を任された澪《みお》は、故郷の大坂と江戸の味の違いに戸惑いながらも、天性の味覚と負けん気で、研鑽を積み、その料理は次第に人々の心をとらえていく。

破天荒な「生涯不良」は、更生したのか？

そもそもこの小説は、時代文庫を立ち上げた角川さんが女性読者を増やそうと、髙田さんに「女性の好きな食をテーマに書いてほしい」と依頼したものだった。十巻まで出たシリーズはベストセラーとなり、あちこちから映画化したいというオファーがありながらいずれも途中で頓挫し、角川さんが監督をすることになったという。

原作では澪の恋なども大きなテーマになっているが、映画は、澪と、大坂の大水で生き別れた幼馴染《おさななじ》みの野江との友情が主軸に置かれている。

女性の友情を描いた映画は意外に少ない。アメリカの作家リリアン・ヘルマンが自身と幼馴染みをモデルに描いた短編を原作にした『ジュリア』はその一つだが、名門の家の出で、美しかった幼馴染みへの憧れと深い思いということでは共通している。こうした思いは、社会のしがらみから離れた純粋な人間感情の一つといえるだろう。

角川さんは三、四十代の女性をターゲットにするために女同士の友情を主軸にしたと言っているが、結果的にそれが作品の崇高さを際立たせることになった。

「狐はコンコン、涙はこん、こん」

詳しく説明しないが、澪と野江はこの言葉で深く結びついている。言葉を大切にする角川さんらしい演出だ。

しかし、「生涯不良」を貫き続ける角川さんが何故ここまで庶民に寄り添うことができたのだろうか。

これを「角川春樹の更生」と捉えることもできる。破天荒の限りを尽くしてきた人間が最後に「庶民として生きることの尊さ」を肯定する。

高校生の私だったらこう言っただろう。

「何が『狐はコンコン』だ。ふざけやがって。角川春樹も焼きが回ったな」

しかし、角川春樹がそんな安易な更生などするわけがない。

『男たちの大和／ＹＡＭＡＴＯ』の中の実物大の戦艦大和を見たとき、私が感じたのは、角川さんのプロデューサーとしての、あの戦争に対する敬虔《けいけん》な感情だった。民族の歴史に、その参加者に、そしてその記録を共有する人々に対する敬意を改めて形にするためにこそ、戦艦大和を作ったのだと思った。

　角川さんの映画の根底には常に人間に対する敬意がある。これまでの数々のスペクタクルは敬意の形だった。それは、『みをつくし料理帖』において、何ら変わるところがない。

保守の前衛《アヴァンギャルド》2

石原慎太郎という「時代精神」

石原慎太郎さんの訃報に接したのは、令和四年二月一日十三時五十九分。旧知の編集者のショートメールによってだった。まさかと思ったが、テレビではすでに速報が流れていた。

最後に石原さんと話をしたのは、前年の三月十七日。この半月ほど前に私の初めての選集『福田和也コレクション1』が出たのでお送りしたところ、たいそう悦《よろこ》んでくださり、久しぶりに対談をしましょうと、雑誌の編集者を通じて誘いがあった。

しかし、その頃私は体調が最悪で、対談など到底出来そうになかった。編集者に事情を説明してお断りしたところ、本人から直接電話がかかってきたのだ。首都圏は緊急事態宣言下にあり、菅政権は迷走していた。

「こういう時こそ、あなたのような人が発言しなくちゃだめなんだよ」

電話の向こうから熱意が伝わってきたが、どうにもならない。もごもごと要領を得ない言い訳をしていると、石原さんは言った。

「福田さん、あなた今、何を考えているの？」

口調は柔らかだったが、一喝されたような気がした。

「とにかくね、話をしましょう。体調が悪いなら、私があなたの家の近くまで行きますよ」

そう言って、電話は切られた。けれどその後、石原さんが私の家の近くまで来られることはなく、電話の問いに答えることができないまま、石原さんは逝ってしまった。

石原慎太郎さんは昭和三十年、一橋大学在学中に書いた「太陽の季節」で芥川賞を受賞し、作家として華々しく世に出た。四十三年に参院選に自民党から立候補して当選し、政治の世界に足を踏み入れ、四十七年には衆議院議員に転身して環境庁長官、運輸大臣を務めた。議員辞職後の平成十一年には都知事に立候補して当選。十三年の在任中にディーゼル車への排ガス規制を始めとする、数々の独自の施策を展開したことは周知の通りである。作家活動も精力的に続け、平成二十八年、田中角栄の生涯を描いた『天才』が百万部を超える大ベストセラーとなったことは記憶に新しい。

戦後、石原さんほど長期にわたって国民の関心を集め続けた人はいない。作家では三島由紀夫、政治家では田中角栄の二人が、世を覆うような関心の対象だったことはあるが、活動期間も、世間の視線を集めていた時期も圧倒的に短い。

何故石原さんはかくも長い間、人々の強い関心を集め続けてきたのか——。

もちろん、きらびやかな才能やダイナミックな活動のためではあるのだが、それよりも重要なのは、石原さんが時代の節目節目に際立った存在感を示してきたということだ。

フランスの作家のアンドレ・マルローは、かつて「現代史の十字路のすべてにマルローは立っていた」と言われていた。

石原さんにも同じことが言える。日本人にとって忘れがたい体験の多くに、石原さんは印象深い登場人物としてかかわってきた。つまり、日本の時代精神の「核」の体現者なのである。

そう言うと、反発する人もいるだろう。

「石原慎太郎の意見や行動は旧弊的なところがあって、時代錯誤を思わせる」

こうした意見は、ある意味では正当だ。石原さんの価値観には、きわめて保守的で反時代的なところがある。けれど、それは時代から取り残されたものではなく、むしろ浮薄な世相や流行が忘却してしまった本質的なもの、正統的なものを常に自覚しているという意味では、時代感覚と合致している。それを明確に示しているのが、彼の著作である。

石原さんには六冊のミリオンセラーがある。

『太陽の季節』（昭和三十一年）、『青春とはなんだ』（昭和四十年）、『スパルタ教育』（昭和四十四年）、『「ＮＯ」と言える日本』（昭和六十四年　盛田昭夫との共著）、『弟』（平成八年）、『天才』（平成二十八年）である。

この六冊の内実を見れば、私が言っていることの意味を理解していただけることだろう。

『太陽の季節』は、高度成長の入り口に立って消費社会を望見していた日本人にとって、その先端を垣間見せる作品であると同時に、新世代の反抗の論理や、新しい享楽と倫理の形姿を予見したという意味で、きわめて鋭く時代を先取りしたものだった。

時代の折々で世間を揺るがした六冊

『青春とはなんだ』はアメリカ帰りの若い教師が旧弊な土着の権威と不合理が横行している地方の高校に現れ、生徒たちを鼓舞して闘うという内容で、今日に至る青春小説・ドラマの原型になっている。

『スパルタ教育』は石原流の教育論。全共闘運動が全盛で、子供が大人に反抗することが当たり前になっていた当時、親は子供を厳しく鍛え、しつける責任があると権威主義的な価値観を唱え、自信を喪失した大人たちを励ますと同時に大人としての責任感をかきたてた。

『「NO」と言える日本』は、アメリカの対日圧力に強い反発を示した本だが、そのインパクトの本質は、日米関係を好適な自然環境のようにみていた日本人に、強力な二国が互いに優位を競う軋轢《あつれき》関係なのだという認識をよみがえらせたことにある。

『弟』は、石原さんの弟、裕次郎さんとの関係を中心にした「私小説」と呼ぶべき作品である。家族の形骸化、解体が叫ばれる世相の中で、兄弟家族の貴重さを、観念的なお説教としてではなく、身近な話として描き、読者の共感を得た。

『天才』は、田中角栄批判の急先鋒《せんぽう》だった石原さんが角栄になり切り、「俺」という一人称で書いた小説。日本の首相が失って久しいカリスマ性の重要性と、その根源を追究し、角栄ブームを巻き起こして、長期安倍政権で低下した国民の政治意識を呼び起こした。

六冊のミリオンセラーはそれぞれ全く分野が異なっている上に時を隔てて出ている。つまり、その都度全く違う百万人もの読者を獲得しているのだ。

それを可能にしたのは、時代の要請、問題意識の先取りであるが、これはマーケティングによってなされたわけではない。石原さんが自分の最も関心があることを世間に投げかけると、その一石が大きな反響を引き起こしたのである。

もう一つ、石原さんを語る上で欠かせないのが、その高名さだ。

作家にして知識人、政治家であり、その上、裕次郎の兄である石原さんは、二十三歳でデビューして以来、初めて会う相手に自己紹介をする必要がなかったのではないだろうか。

自分は相手を知らないけれど、相手は自分を知っている。それだけ高名であることはアドバンテージであると同時に、重荷であったに違いない。

ボードレールが十九世紀半ばに喝破したように、現代は「群衆」の時代だ。

都市の街頭で名もない群衆の一人となる。群衆に埋没し、顔と名前のない存在になることで、人目を気にせず、流れに流され、ささやかな享楽や一時の興奮に我を忘れる自由を満喫できる。

ところが、石原さんにはその自由がない。彼は群衆の中に埋没することができず、常に人ごみの中で、一人その存在を際立ててしまう。

フランスの作家、ドリュ・ラ・ロシェルは、自らの第一次世界大戦の前線での体験をもとにして、塹壕《ざんごう》の泥濘《ぬかるみ》の中でも軍勢の中に埋没できない、個人として現れてしまう人間がいて、その男は、常に突撃の先頭に立たなければならないと、書いている。

ドリュの筆法を借りるならば、石原さんは、群衆が支配した戦後という時代において、常に群れから抜きん出ることにおいて、突撃の先頭を走り続けてきたと言える。

あなたのいない日本で何ができるのか

私が初めて石原さんにお目にかかったのは、平成六年の早春だった。石原さんの『わが人生の時の時』（平成二年）の解説を書かせていただいたのが機縁だった。

『わが人生の時の時』は石原慎太郎の小説の頂点に位置するものであり、近代日本文学の中でも屈指の名作である。

四十の掌編から成るこの小説集は不思議に満ちている。この世があり、自然があり、海があり、生物がおり、自分が生きているということの、堪え難く、歓喜に満ちた不思議さ。つまり私たちが、人生という時間を持っていることの不思議さそのものを突きつけているのだ。

そうした内容の解説を書いたところ面白いと思ってくれたようで、永田町の料理屋でお会いした。

以来、親しいというのはおこがましいが、私と同年の物書き、知識人の中では関係が深いほうだと思っている。

　私は文芸評論家として、文学者・石原慎太郎を尊敬しているし、その文明論、社会観にも共鳴するところが少なくない。政治指導者としては、ポピュリズムに陥らないカリスマを発揮できた稀有な存在だったと考えている。

　かつて、自分の描く石原像を『石原慎太郎の季節』という本にまとめたことがあるが、うまくいかなかった。精一杯公平に書こうと思いながら、結局自分の情感に屈服してしまったのだ。しかし、これは私に限ったことではない。三島由紀夫でさえ、石原さんについて書く時には、過度の親愛の情と嫉視《しっし》から自由になれなかった。石原さんには人の痛覚や感情を刺激するところがあるのだ。

　石原さんが膵臓癌を患っていることを知ったのは、『文藝春秋』（令和二年七月号）に掲載された「予期せぬ出来事　私の闘癌記」によってだった。

　手記によると、長年前立腺の検査をしてもらっている医師にエコーを撮ってもらったところ、膵臓のあたりに影があるということで、精密検査をすると、極初期の癌が見つかったというのだ。膵臓癌の発見は極めて難しく、見つかったときには手遅れであることが多いのだが、専門外の医師の指摘で見つけることができ、しかもその後、現代医学の最先端技術である重粒子線で治療が成功したというのだから、まるで『わが人生の時の時』のような話だと感動したのだが……。

報道によれば、令和三年十月に膵臓癌の再発が分かったという。三月に電話をいただいた時は、まだまだ精力的に仕事をしようと思っていらしたに違いない。その気持ちに応えられなかったことが悔やまれるが、今となってはどうしようもない。せめてこの場を借りて、電話の問いに答えたいと思う。

石原さん、私は今、あなたのいない日本について考えています。時代精神の「核」の体現者であるあなたを失った日本は今後、何を目安に進んでいけばいいのか、その日本で私に何ができるのか、何をすべきなのかを考えています。

懐石料理「千花」

6 京都で和食の頂点を

日本料理の極をきわめつくした逸軒

「酒類提供禁止」は国民を疲弊させるだけ

まさか自分が生きている間に東京で酒が飲めなくなろうとは思ってもみなかった。

第一次世界大戦後の大正九年一月十七日、アメリカでは、酒類の製造、販売、運搬等を禁止する合衆国憲法十八条が効力を発した。

法律の成立には第一次世界大戦やそれにともなう国民の嫌ドイツ感情など様々な要因が関わっているが、根本にあるのは、ピューリタン的モラルである。

法律施行後に大統領に就任したハーバート・フーヴァーは、この試みを「高貴な動機と遠大な目的を持った社会的、経済的実験」と評した。

実験は昭和八年にフランクリン・ルーズヴェルト大統領によって法律が廃止されるまで、実に十四年間も続けられたのである。

果たして酒が一掃されることで、健全で秩序ある社会を実現することはできたのか——。

実際は、密造酒や密輸入酒が大量に出回り、それを扱うことで暴利をむさぼるアル・カポネのようなマフィアが横行した。一般の国民も闇酒場で酒を飲み、違法のルートで酒を入手するなど、禁酒法が施行される前よりもかえって社会秩序は乱れるという皮肉な結果を招いたのだった。

一方で生み出されたものもあった。

禁酒法に縛られ息苦しい祖国からパリに逃れたスコット・フィッツジェラルド、アーネスト・ヘミングウェイら若き文学者たちは、パリで放埓《ほうらつ》な生活を送り、そこからロストジェネレーション文学は大きく花開いたのである。

言うまでもないことだが、日本のコロナ禍における「酒類提供禁止」によって生み出されるものは何もない。ただ日本の文化を破壊し、国民を疲弊させるだけだ。

そもそも何故酒の提供を禁止するのか、明確な根拠が示されていない。

オリンピック会場で酒を提供するという話が出たことからして、酒が感染拡大の元凶ではないと公言したようなものだ。

酒を飲みながらの食事は大声になり時間も長くなりがちだというなら、食事の仕方や時間を規制すればいい。酔客によってクラスターが発生するおそれがあるというなら、酔客を取り締まればいい。一部の無法者のために、真面目に店を営んでいる側が規制されるのは本末転倒である。

そして西村経済再生相よ。オリンピック騒ぎでうやむやにできたと思うなよ。「酒類提供停止に応じない飲食店に金融機関から働きかけてもらうよう要請する」だと。それは暴対法の措置ではないか。政府の理不尽な要請に耐えかね、酒の提供を決めた飲食店に暴対法と同じ措置をとろうとしたのだ。恥を知れ！　謝罪、撤回したからといって、許されるものではない。

最も尊敬する、人生のテーマでもある「千花」

十都道府県に出されていた緊急事態宣言が沖縄を除いて一時解除された令和三年六月二十一日から七月十一日の間に、私が取材に向かったのは京都だった。

京都の窮状については聞いていたので、もっと早く行きたかったのだが、四月二十五日からの緊急事態宣言で京都も酒の提供ができなくなり、多くの店は休業を余儀なくされた。六月二十一日にようやく酒が解禁となったので、駆けつけたのだ。

六月三十日の午後一時過ぎ、京都駅のホームに降りると、盆地特有の暑さが待っていた。

予約していた祇園の宿に荷物を置いて、鴨川べりを歩いた。

暑いといっても、中心を鴨川が流れ、山並みを望める京都は東京よりもよほど開放感がある。納涼床では客が気持ちよさそうにビールを飲んでいた。

七月の祇園祭は今年も去年に引き続き山鉾《やまほこ》巡行も神輿《みこし》も中止である。今やすっかり観光化された祇園祭も、そもそもは疫病を退散させるためのものだった。

延暦十三（七九四）年、桓武天皇が都を山背《やましろ》に遷し、「平安京」とすると、多くの人がやってきて密集して暮らすようになった。すると疫病が発生して猛威を振るった。当時、疫病は無実の罪に問われて処刑された人、とくに政治失脚者の怨霊によるものと考えられていて、その祟《たた》りを鎮めようと、鎮魂の行事である御霊会《ごりょうえ》が始まった。

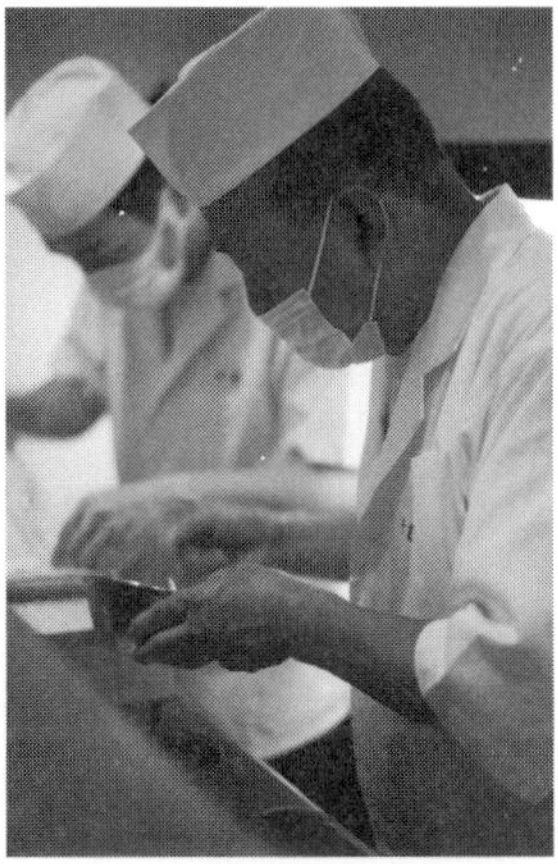

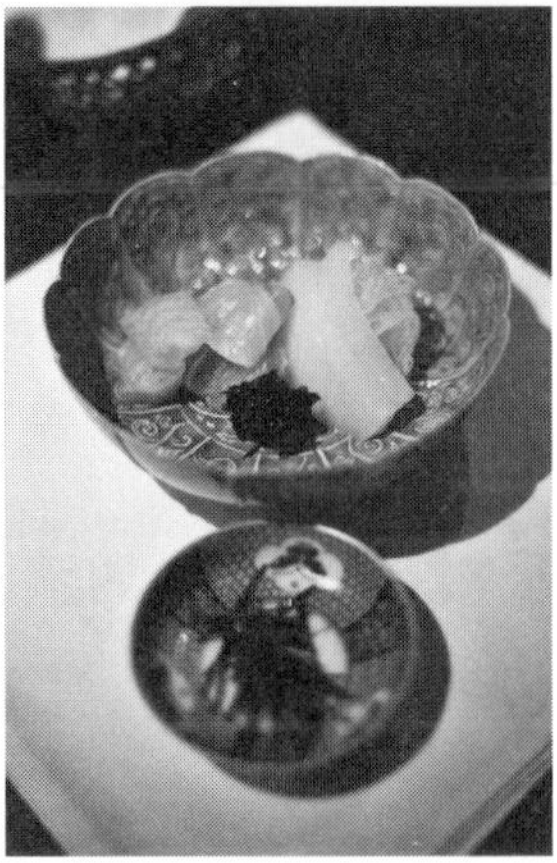

祇園「千花」 京都市東山区祇園町北側279-8 電 075-561-2741 営 12:00～14:00、18:00～22:00 休 火曜日

机に花果を盛り、金光明経、般若心経を説き、楽を奏し、雑伎、散楽の芸能を競い、角力《すもう》、騎射、競馬等の演戯があって、人々が群参した。これが祇園祭の始まりである。

疫病退散のための神事が次第に風流と結びつき、華麗で盛大な祭りになっていったとは、いかにも京都らしい。

八坂神社の境内には疫病退散、無病息災を願う儀式のための茅《ち》の輪が設置されていたので、それをくぐって、コロナの終息を願った。

初日の晩は祇園の「千花《ちはな》」に伺った。

ここは私が最も好きな、というより尊敬する料理店であり、ここに通うことが私の人生のテーマにもなっている。

店の創業は戦後間もない昭和二十一年。創業者の永田基男さんは料理屋での修業を一切せず、独学で自分の料理を作り上げた。混沌とした時代の中、調理の基本はわずかな料理本で、そして日々の市場通いで自分の五感を鍛え上げたそうだ。

一品料理屋から始め、日本の発展と歩みを合わせるように、料理へのこだわり、板前割烹《かっぽう》としてのこだわり、器へのこだわりが芽生えていったのだった。

そうした基男さんの料理を悦んだのは、地元京都の人々のみならず、東京の文士たちにも広がった。

川端康成、三島由紀夫、獅子文六、海音寺潮五郎、司馬遼太郎、今東光、遠藤周作、白洲正子らが足しげく通った。

私はぎりぎり基男さんの味を知っているが、通うようになったのは、息子の雄義《かつよし》さんが店を継いでからである。

基男さんの時代から祇園四条通沿いにあった店は平成三十年九月に古美術店が建ち並ぶ新門前通沿いに移転し、令和四年の秋に祇園町北側に再移転して営業している。

なぜ京都でしか懐石料理を食べないか

十七時に店に行くと、我々取材班以外に、伏見から来た二人組の女性客がいた。

カウンターは八人座れるが、間を開けて、五、六人がけにしているという。カウンターの前にはアクリル板が置かれていた。

六月二十一日に緊急事態宣言が明けてからは連日予約が入っていると聞いて、ほっとした。

まずは帆立とキウイ。果物を使った先付《さきづけ》は千花の料理の特徴の一つである。最初から果物？と首を傾《かし》げる人がいるかもしれないが、口の中がさっぱりして、その後の料理を存分に楽しむことができる。

少し炙《あぶ》った帆立が香ばしく、二種類のキウイの甘さと酸味のバランスが絶妙だった。

千花を訪れるのはほぼ一年ぶりである。去年の七月に来たときは、コロナ禍とはいえ規制はそれほど厳しくなく、テーブル席では芸妓《げいこ》さんを連れた旦那衆が食事をしていた。

女将《おかみ》の眞起子さんによれば、昨年は「ＧｏＴｏトラベル」の効果もあって秋にはいっときお客さんが回復したが、年が明けて緊急事態宣言が出されてからが大変だったという。

　一月八日に、東京、神奈川、千葉、埼玉に出された緊急事態宣言は翌週には大阪、京都、兵庫、福岡など七府県に対象地域が拡大された。京都の感染者は大阪や兵庫に比べたら各段に少なかったのだが、他府県から人が流れないよう、京都も対象となったのだ。

「お客様の足がぱったり途絶えましたが、移動の自粛が言われている以上、おいでくださいとお誘いすることもできません。そこで、二月からお弁当を始めました。季節のお料理やサバの巻き寿司などを盛り込んだお弁当で一つ三千五百円です。店をやりながらなので、一日せいぜい二十個くらいでしたが、幸い好評をいただいて今も続けています」と眞起子さん。

　先付の次に出てきたのは生湯葉。とろとろの冷たい生湯葉が喉をすべり落ちていった。

　酒はいつもの菊姫の大吟醸。私は本来、純米酒が好きなのだが、千花の料理には、芳醇さとエレガントさを合わせ持ったこの酒がよく合う。

　私が懐石料理を食べるのは京都だけ。理由は単純で、いちばん水準が高いからだ。とくに祇園は日本の和食のピンの料理屋が軒を連ねてひしめいている。この競争の激甚さと、その競争から生まれる料理の質は、東京を含めた他の土地の料理を「和食」と呼ぶことに強い抵抗を覚えさせるほどだ。

　もちろんそれは懐石料理に限った話で、寿司、天ぷら、蕎麦などは全国何処でも食べる。

京都の懐石料理は和食の頂点を担っている。和食がユネスコの無形文化遺産に選ばれたのも、その高い質があってこそだ。

日本料理の創造する力を後世に残していきたい

日本料理の真髄は出汁にある。昆布、鰹節、水。たったこれだけの材料で奥深い味を出してしまうのだから、まさに魔法だ。

出汁がいちばん力を発揮するのは椀である。その日の千花の椀は鱧《はも》とジュンサイだった。一口飲んで、大げさでなく心が震えた。味、温度ともに絶品としか言いようがない。この出汁は基男さんから受け継がれたものだ。

「父からの伝授といっても、何を教えてくれたわけでもありません。見て覚えろという人でしたから、本当に横で見ながら、必死になって真似をしました」と雄義さんは述懐する。

そこには他人には分からない父と息子の葛藤もあったに違いない。そうしたことで成り立っている味なのだ。

平目と鯧《まながつお》のお造り、明石の蛸《たこ》とオクラの酢味噌和え、鱧の磯辺揚げ、鰆《さわら》の焼き魚……と続き、最後は千花定番の、細く切った柴漬けとシソをのせた飯蒸《いいむ》しで締めとなった。

日本料理の、一方の極をきわめつくした、バラエティと技巧を軸にした料理、さらに先代から蒐集《しゅうしゅう》してきた器との取り合わせも素晴らしく、他の追随を許さない。

その千花も、今年四月二十五日からの緊急事態宣言で酒の提供が禁止されるとお客さんのキャンセルが相次ぎ、五月いっぱい店を閉めた。酒が飲めないことだけが理由ではないにしろ、影響は大きかったはずだ。

そもそも割烹懐石は酒を楽しむことを目的として構成されている。その料理をノンアルコールビールで食べろというのは酷な話だ。

それでも、数十年ぶりにわざわざ京都で途中下車をして、訪れてくれる人があったりと、逆風の中にも縁の強さを感じたという。

こうした窮状は千花に限ったことではない。恐らく京都の名だたる料理屋の多くが同じような状況下にあるに違いない。

「コロナによってこれからは社会も店の在り方も変わらざるをえないと思いますが、そうした中でも日本料理の出汁、食材、そして創造する力を若い世代と共に、力を合わせて後世に残していきたいと思っています」と雄義さんは語った。

現在、店の若手の村上さんと雄義さんの息子の恭規《やすのり》さんがその担い手として頑張ってくれているという。

しかし、個々の努力はもはや限界に達している。政府のいい加減な政策によって、祇園の料理屋が相次いで潰れるようなことがあったら、国家的損失だ。それは何兆円の予算を組んだところでとりもどせるものではない。

7 京都で「日本の根源」を考える

歴史と文化の都を象徴する酒場

酒処・お食事「京極スタンド」
BAR「エル・テソロ」

令和三年一月八日に東京、神奈川、千葉、埼玉に出された緊急事態宣言はその後対象地域が拡大され、期間もじりじり延長され、ようやく解除になったかと思ったら、すぐまた宣言が出され、の繰り返しだった。酒類の提供が禁止されていた期間も長く、飲食店の窮状は想像するに余りある。

九月三十日の全面解除で酒が出せるようになり、十月二十五日からは営業時間の制限もなくなったが、油断はならない。感染者が増えればどうせまた政府は緊急事態宣言を出して酒の提供を禁止するに違いない。首相が菅義偉から岸田文雄に代わったところで、感染者数に左右される状況は変わらないだろう。

私事を言えば、連載中に三度倒れ、三度救急車で病院に運ばれた。持病の悪化によるものだが、連載を始めた頃よりもさらに体力、気力とも衰えている。今の私を支えているのは、ただ食いたい、呑みたい、書きたいという執念だけだ。

自民党の総裁選や総選挙で、掲載がずれ込んでしまったが、前回に引き続き、京都編である。

取材を行ったのは、令和三年六月三十日～七月二日。この時、京都は六月二十一日から緊急事態宣言が解除されてまん延防止等重点措置に移行し、酒の提供は午後七時まで許可されていた。

七月一日は取材まで時間があったので、祇園の宿からタクシーで圓通寺に向かった。曇ってはいたが、雨は降っておらず、鴨川沿いを走るタクシーの窓から京都の空気が流れ込んできた。

日本の活力の源を見極めた後水尾院

圓通寺は洛北の幡枝《はたえだ》にある。この寺はもともと後水尾院の山荘であった。後水尾院は修学院離宮を設計したことで知られるが、その造営よりも前にここで離宮を営んでいたのである。

見どころは比叡山を借景とした庭だ。庭の見える書院は、いつもは観光客でいっぱいなのに、女性が一人いるだけだった。コロナ禍で京都の観光客が少なくなったのは嘆かわしいが、寺をゆっくり見られるのはいい。四百坪ほどの枯山水の平庭の生け垣越しに比叡山が見えた。

数ある京都の名園の中でも特にこの庭が好きなのは、後水尾院に対する尊崇の念による。

慶長十六（一六一一）年に即位した後水尾天皇は、江戸幕府による朝廷への抑圧を不満として寛永六（一六二九）年、七歳の興子《おきこ》内親王に譲位すると、自分は上皇として院政を敷き、その期間は五十一年におよんだ。

この間、院は様々な文化活動を行った。その一つに古典研究がある。歴代天皇、上皇の中で初めて、源氏物語、古今和歌集、伊勢物語といった古典を皇居で講義したのだ。

　この古典研究はやがて大きな流れとなって、賀茂真淵から本居宣長へと進む国学の道につながり、日本人の精神形成に大きな影響を与えることになった。

日本がこれまで幾度も危機を乗り越えてきたエネルギーの芯になったのは、日本とは何かという問いだと思う。その問いについて常に考え続けることが日本を支える力になっていたのであり、その流れを最初につくったのが後水尾院なのだ。

四百年前と恐らくあまり変わらないであろう景色を眺めながら、コロナ禍で日本が迷走している今、立ち返るべきは、その基本的な問いなのではないかと考えた。

京極スタンドで飲むことが嬉しくて仕方ない

暖簾《のれん》をくぐって京極スタンドに入ると、平日の午後三時にもかかわらず、店内はほぼ満席だった。入って右手の長テーブルでも、左手の丸テーブルでも、皆、ビールや酎ハイを飲んで楽しそうに談笑している。店長の杉山貞之さんが入り口近くの丸テーブルに案内してくださった。

　この店は四条通から新京極通に入ってすぐの繁華街にある。大衆食堂と居酒屋を兼ねていて、昼から夜まで通しで酒が飲める。十五年ほど前に編集者に教えてもらって気に入り、京都に行った折には必ず立ち寄るようになった。レトロな内装の店内はいつ行っても賑わっているのにうるさくなくて、雰囲気がいい。

創業は昭和二年。貞之さんの祖父の春雄さんは愛知県出身で、結婚後東京で店を開こうと思っていたが、関東大震災で被災し、知人を頼って京都に来て、京極スタンドを開いた。貞之さんは三代目だが、店長になって三十年が経つという。

「昨年四月に初めて緊急事態宣言が出されたときは驚きました。新京極がゴーストタウンになったんです。とにかく人がいないんで、サッカーでもやろうかと思いましたよ」

新京極がゴーストタウン！

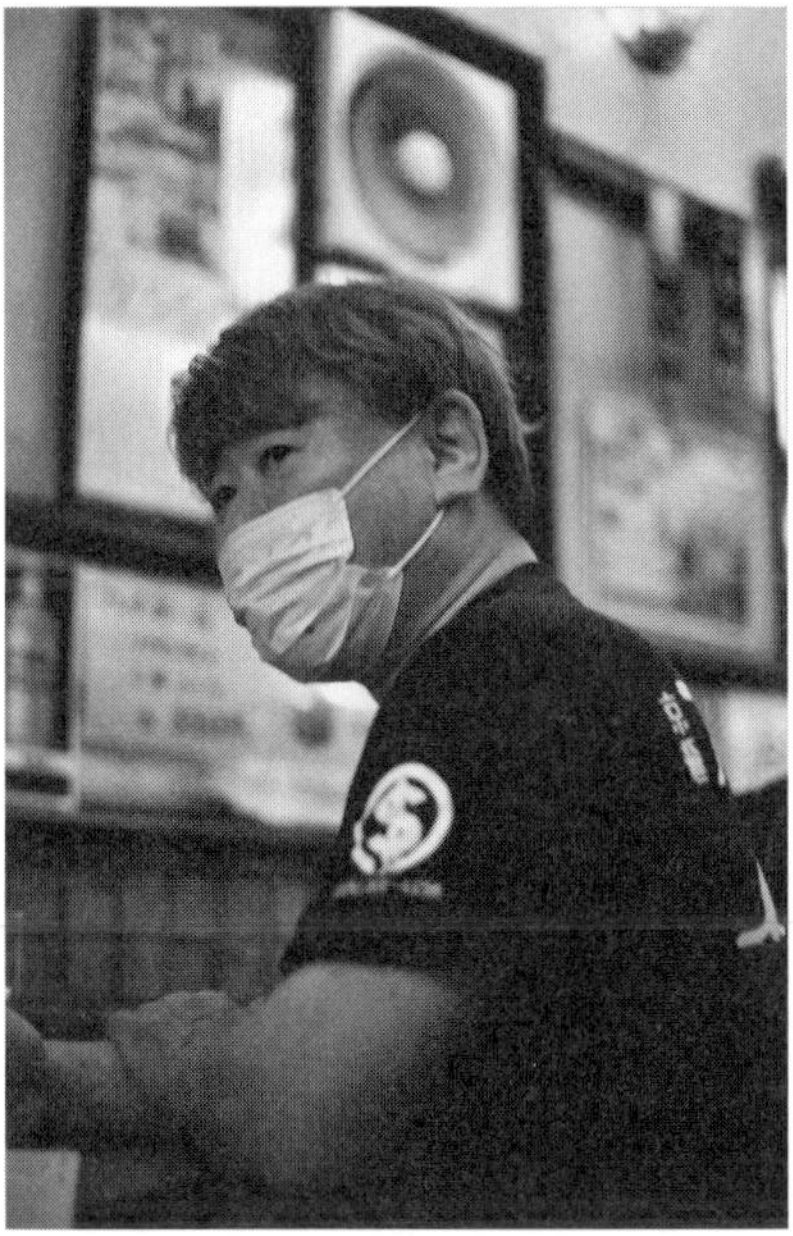

京極スタンド　京都市中京区新京極通四条上ル中之町546 電075-221-4156 営12時～20時45分(LO) 休火曜日(お盆や年末年始は多少変更あり)

寺町通と並行して三条通から四条通まで約五百メートルにわたって延びるこの通りは、土産物屋や飲食店が建ち並ぶ、観光客や修学旅行生に人気のスポットである。おととしまではインバウンドの外国人で歩くのも大変だった。新京極から人の姿が消えるなど、明治五年に京都府参事、槇村正直がこの通りを作って以来初めてのことではないだろうか。

「うちは観光客の方も来てくれますが、ほとんどは地元のお客さんなんです。昨年は緊急事態宣言中でも酒を出すことができて、常連さんが来てくれたので、売り上げの落ち込みもそこそこに抑えることができました。今いるお客さんもほとんどは地元の人ですよ」

なるほど。この店の落ち着いた雰囲気は常連さんによって醸し出されていたのか。

メニューは酒のつまみばかりではなく、トンカツ、牛ステーキ、ラーメンなどの食事ものも揃えていて多彩だ。このメニューも、店の佇まいも、お祖父さんの代からほとんど変わっていないという。九十年にわたって、地元の人たちの憩いの場になっているのだ。

「基本的に酒を楽しむ店ですから、酒を出せなければ、話になりません。今年の四月二十五日から六月二十日までは店を閉めました。土地も建物も自前なので、緊急事態措置協力金と雇用調整助成金で何とかしのげました。従業員に給料も出せて、よかったです。でも土産物屋は閉めてしまったところも多いですね。店員さんたちの中にはうちのお客さんもいましたから、寂しいですよ」

京極スタンドが生き残ってくれたことに安堵して酒を飲み始めた。私がこの店で好きなのは、白州ボール。サントリーのシングルモルトウイスキー「白州」で作ったハイボールで、さっぱりした口あたりがいい。

つまみは自家製コロッケとえんどう豆の卵とじ。素朴だが、きちんとした店の味がある。飲んでいるうちにだんだん楽しくなってきた。

周囲のお客さんたちも同じ気持ちなのだろう。入り口の戸を開けているので換気はとてもいいが、それでも周囲の熱気が伝わってきた。みんなこの店で酒を飲むことがうれしくて仕方のない人たちなのだ。

〆《しめ》のラーメンを食べていると、杉山さんがそばに来て、笑顔を見せながら言った。

「二カ月も休んでいたんで、お客さんが戻ってきてくれるか心配でした。でも、六月二十一日の十二時に店を開けたら、お客さんが並んで待っていてくれたんです。この先、どうなるかは分かりませんが、今はただ大ホッとですよ」

エル・テソロで食後酒とスイーツを

取材最終日の午後一時にエル・テソロに行くと、まだ開店前で客は一人もいなかった。

この店は祇園の北、大和大路を新橋通から少し上がった雑居ビルの一階にある。食後に楽しめるカクテルやブラウンスピリッツが充実していて、銀座のバーテンダーに勧められて行ったら、はまってしまった。

日曜日の深夜までやっていてくれるのも有難い。真っ暗な雑居ビルの中で、一つだけ灯《とも》っているエル・テソロのネオンを見ると、ほっとする。コロナで酒が出せなくなって、どうしていたのだろう。店長の大塚祐也さんに伺った。

「昨年は時短で営業を続けましたが、今年の四月二十五日から六月二十日までは店を閉めました。ノンアルコールカクテルだけを出すというバーもありましたが、私はやりませんでした。その間は、今後酒の代わりに出せるものをと考えて、コーヒーや紅茶の入れ方を勉強していました」

エル・テソロ　京都市東山区大和大路通三条下ル三丁目弁財天町19番地 大和ビル1階E号室 電075-541-1770 営16時から翌3時（最終入店翌2時） 休水曜日・木曜日

日本人は真面目だなあ。政府が理不尽なことを言っても、暴動を起こすのではなく、自分で苦境を乗り越えるために勉強に励むというのだから。

私は日本人だけれど、勉強が大嫌い。高校時代、理数系の勉強はほとんどせず、試験はいつも赤点すれすれだった。大学教授になった今でも、高校を落第する夢をみて、うなされることがある。

大塚さんはもともと静岡県で車の整備の仕事をしていたが、車の改造費を稼ぎたくて始めたバーテンダーのアルバイトが楽しく、本腰を入れることを決めた。京都の名店「Ｋ６」でバーテンダーをしていた高校の先輩を頼り、平成十一年からＫ６でアルバイトを始め、平成十八年に独立してエル・テソロを開いた。店名はテキーラブランドに因《ちな》んでいるが、別にテキーラにこだわりたかったわけではなく、「エル・テソロ」の言葉の意味「私の大切なもの」が好きだから店名にしたのだそうだ。目指していたのは、おいしい食後酒をスイーツとともに楽しめる店だという。

「去年は結構遅い時間まで店を開けていたんですが、今年に入ってからは、午後二時から八時までにしました。今もそうです。食後酒ではなく食前酒の店になってしまいましたけど、お客様が来てくださるだけで、有難いです。二時、三時は暇ですが、四時を過ぎると、ちらほらお客さんがみえて、席数を少なくしているので、満席になることも多いです。念のためお客様には事前に電話を入れてもらっています。せっかく来てくださっても、入れなくては、申し訳ありませんから」

この店も地元のお客さんに支えられているのだが、地元といっても祇園に限らず、広く京都市内から足を運んでくれる人があるという。

カウンターで話を聞いているうちに、棚に並ぶ美味しそうな酒が気になって仕方なく、喉も渇いてきたので、フローズンダイキリを作ってもらった。普通はホワイト・ラム、ライムジュース、シロップで作るが、ラム酒を多めにして、さらにマラスキーノという桜のリキュールを加える、ヘミングウェイ・スタイルにしてもらった。

一口目の喉と胃の腑《ふ》への一撃が心地いい。大塚さんの作る、強烈にして繊細なカクテルは京都を象徴しているかのようだ。

「まさか京都で酒が出せなくなるとは思ってもみませんでした。同業者はみんな苦労していますよ。ただ前向きな人が多いですね。酒類販売業免許を取ったり、次のステージに上がっていくことを考えています。私はスイーツ好きなので、製菓免許を取ろうと思ったのですが、いろいろハードルがあって、無理でした。今は店で売れる物を考えています」

日本人の真面目さにつくづく感心しながら、リンクウッド24年をストレートでもらった。スペイサイドのシングルモルトウイスキーで、甘く爽やかな香りが特徴だ。その余韻は帰りの新幹線の中まで続いていた。

晴れ間が見えたのも束の間、デルタ株の蔓延で八月二十日、再び京都に緊急事態宣言が発令され、それは九月三十日まで続いた。

電話で問い合わせたところ、この間京極スタンドは休業していたが、エル・テソロは時短ながら店を開け続けたという。

以前取材をした神保町のランチョンも、六月一日から六月二十日までは店を閉めたが、八月一日以降は、緊急事態宣言下での酒の提供禁止に疑問を呈して営業を続けていたそうだ。

酒を出す店と出さない店、酒を飲む者と飲まない者の間に軋轢《あつれき》が生じるのは当然だ。

日本の酒類提供禁止は法律による命令ではなく、あくまでもお願いと指示に過ぎない。第六波の到来でまた酒の提供が禁止されたら、軋轢はもっと深刻なものになるだろう。中途半端な措置で国民を分断させていることに対する責任を、政府はどう考えているのか。

今必要なのは、安易に外国を真似るのではない、日本の根源と未来を見据えた政策である。

8 門前仲町の居酒屋を愛する寺社と町民

常連を持つ名店

居酒屋「魚三酒場」
小料理屋「しか野」

令和三年十月から感染者が減り、コロナ禍もそろそろ終わりかと思ったら、今度はオミクロン株が感染拡大。この変異株、発熱、咳、喉の痛み、だるさなどの風邪症状が中心で肺炎を起こす人は少ないが、感染力が異常に高い。

令和四年一月九日から、沖縄、広島、山口に適用されたまん延防止等重点措置は二十一日には東京、神奈川、千葉、埼玉など首都圏を含む十三都県、二十七日にはさらに十八道府県に追加適用され、そのほとんどは三月まで延長された。

ウイルスは寄生しないと生きていけず、宿主を殺してしまったのでは自分が生存できなくなる。今後コロナウイルスは弱毒化して進化し続ける可能性が高いのだから、これまでの感染↓隔離という対策は根本的な見直しが必要となってくるだろう。濃厚接触者まで隔離していたのでは、社会機能が停止してしまう。

国会では一部野党から、新型コロナを危険度の高い二類からインフルエンザと同じ五類に下げることが提案されたが、岸田首相は消極的だ。感染が急拡大している中、位置づけを変えるのは現実的ではないとし、今後、厚生労働省の審議会で専門家の意見を聞きながら議論をしていくという。

まん延防止措置では酒類の提供禁止にはならなかったが、当たり前だ。緊急事態宣言でもないのに酒を止められたら、せっかく盛り返してきた飲食店の息の根を止めることになりかねない。長いコロナ禍で飲食店がどれだけ大変な状況に陥っているのかは、令和三年十二月の取材でよく分かった。

安くて多くて高品質「魚三酒場」の贅沢

さて、最後に取り上げる町は門前仲町だ。平成二十四年から六年ほど、私はこの町に仕事場を構えていた。理由は、早い時間から酒が飲めるから。

門前仲町には富岡八幡宮と成田山新勝寺の東京別院深川不動堂がある。正月の賑《にぎ》わいはもちろんのこと、毎月、一日、十五日、二十八日は富岡八幡宮の月次祭で歩道に屋台が並ぶ。つまり年がら年中お祭りなのだ。

祭りにかかせないのが、酒。門前仲町には、酒場が多い。永代通り、清澄通りといった大通りから少し入ると、あちこちに飲み屋横丁がある。しかも夕方四時から開いている店が少なくない。お不動さんの参道にある折原商店という酒屋は角打ちで、午前十時半から酒が飲める。

知り合いの魚の仲卸の芝山孝さんが門前仲町に住んでいて、家に遊びに行くうちに、町の魅力にはまってしまった。もっとも仕事場を持ったはいいが、ついつい飲みに出てしまい、肝腎の仕事はさっぱりはかどらなかったのだが。

数ある店の中で、いちばん足しげく通ったのが、魚三《うおさん》酒場だ。

この店は地下鉄東西線の門前仲町駅の出口を出てすぐの永代通り沿いにある。四階建てのビルのどの階も客席になっていて、そこが連日全て満席になるという驚異的な店だ。開店は四時で、三時を過ぎた頃から店の前に人が並び始める。

人気の理由は、値段の安さと量の多さと魚の質の高さ。

魚三酒場　東京都江東区富岡1-5-4 1F、2F、3F、4F 電03-3641-8071 営16:00～22:00 休日曜・祝日

魚は全てその日の朝に市場から仕入れたものなので、新鮮そのもの。刺し身も焼き魚も煮魚も揚げ物も、普通の料理屋で出す量なのに、値段は三百〜四百円台。コップ酒は一杯百九十円である。一人で鯛《たい》刺し、イカ焼き、アジフライを食べ、酒を三杯飲んでも、二千円でお釣りがくる。

一階は二人連れまでしか入れない、すでに飲んでいる人は入れてもらえない、大声をあげると追い出されるなど、厳しいルールはあるが、それでも客は魚三に通い続ける。

十二月八日午後二時、開店前の店に伺った。魚三は基本的に取材お断りなのだが、長年この店に魚を卸している芝山さんにお力添えをいただき、取材が実現した。いつもは客がひしめいている店内には店長の鈴木三則さん以外誰もおらず、整然としていた。

創業は明治三十七年。三則さんの曽祖父、三次郎さんがリヤカーを引いて魚を売ったのが始まりだという。居酒屋を始めたのは二代目の三郎さん。戦後の昭和二十九年、安くてうまい魚と酒を提供したいという思いから、今ある場所に店を開いた。三代目の三知雄さんが昭和四十五年にビルを建てて現在にいたっている。

江東区の常盤と葛飾区の新小岩にも魚三酒場という居酒屋があるが、いずれも姉妹店である。二代目の三郎さんは長男に富岡の店、次男に新小岩の魚屋、三男に新小岩の店、四男に常盤の店を持たせたのだ。

令和三年一年間の店の状況を三則さんに伺った。

「年明け早々緊急事態宣言が出されましたけど、酒が出せましたからね。大人数の宴会はなくなったものの、個人のお客さんは変わらず来てくれたので、何とかやりくりしてました。ところが、四月二十五日から酒の提供ができなくなった。酒が出せないんじゃ仕方がないと休業しました。一カ月たっても解除されないので、ノンアルコールビールで営業を始めたんですけど、お客さんはさっぱり。これは魚三史上初めてのことですが、カウンターに一人もお客さんがいない時もありました」

　魚三のカウンターから客が消えた！　信じがたい話だ。

「そこで昼の定食を始めました。今までは仕込みでそんな余裕はなかったんですが、お客さんが減ったので、できたんです。でも入りはさっぱりでしたね。それが九月三十日まで続きました。パートの人たちはその間ずっと休んでもらいました」

　十月に店を再開しても、休業中にパートやアルバイトが他の店に移ってしまい、人が集まらなくて苦労する店も多いようだが、魚三は大丈夫だったのだろうか。

「うちの社員は全員親族で、パートさんは社員の伝手《つて》で来てもらっている人ばかりなんです。仕事がきついのに、辞めずに長く働いてくれていて、店を再開した時も全員が戻ってきてくれました。じいちゃんの時代に従業員全員で毎年旅行に行っていたお蔭《かげ》で、親族もみんな仲がいいんです。緊急事態宣言中、給料が減っても我慢してくれましたよ」

　なるほど。そうした家族的な結束が魚三の強みなのだと、納得した。

それだけの我慢を重ねて、十月一日の酒解禁の日はどんな様子だったのだろう。

「すごかったですねえ。開店の一時間以上前からずらっと店の前に行列ができて、お客さんのテンションがめちゃくちゃ高いんです。まるで年末の仕事納めの日のよう、いや、それ以上でしたね。あまりの盛り上がりに、カウンターの中で注文を受けながら、怖かったですよ。それが一カ月ずっと続いて、十二月になって、ようやく落ち着いてきました」

みんな魚三で酒が飲みたかったんだ。魚三が残っていてくれたこと、そこで再び酒が飲めるようになったことが、嬉しくて仕方がなかったんだ。その気持ちはよく分かる。

誰もいないカウンターに三則さんが酒席を作ってくれた。並んだのは、鯛刺し、鮪《まぐろ》刺し、あん肝に、冷や酒の大徳利。魚三のカウンターを一人占めできるとは、なんという贅沢！

一口目の酒が胃の腑に沁《し》みた。鯛も鮪もほどよく脂が乗っていて、舌にからみつく。誰に対してなのかよく分からない感謝の気持ちが湧いてきた。

すでに仕込みを始めている三則さんが厨房の中から言った。

「お客さんが来てくださる限り頑張ります。厳しい状況が続くかもしれませんが、お客さんに満足いただいている質と量と値段は変えずにいこうと思っています」

常連さんで満席「しか野」の感染症対策

「しか野」は、魚料理が中心だが、豚の角煮などちょっとした肉料理やパスタ料理も食べられる小料理屋だ。この店は銀座編で取り上げたおでん屋「おぐ羅」のご主人、小倉良介さんが通っていて、小倉さんに教えてもらった。玄人が通う店だけに、料理の質が高く、それでいて値段は手ごろである。

令和三年十二月二十二日、開店三十分前の四時半にしか野を訪れた。

店の創業は平成二十三年六月。店主の鹿野健太郎さんは門前仲町の寿司《すし》屋で十一年間修業をした後に独立したのだが、修業先の主人が寿司屋の暖簾《のれん》を上げることを許してくれなかったので、小料理屋としてスタートした。創業時のスタッフに洋食を得意とする料理人がいたこともあり、パスタをメニューに加えると、家族連れの客に悦ばれ、定番になったという。

緊急事態宣言中、何度か店の前を通ったが、いつも店は閉まっていた。どうされていたのか鹿野さんに伺った。

「一月に緊急事態宣言が出されてから、平日のお客さんが激減しました。食材は生ものが多いので、ロスが出てしまい、土・日に限って営業していたんですが、店から感染者を出したら大変なので、二月から休業しました。春には解除されるだろうと思っていたら、四月二十一日からは酒も出せなくなってしまい、結局九月三十日まで休むことになりました。無念ではありましたが、コロナ禍を乗り切れたのは、休業の選択にあったと思います。都の協力金と雇用調整助成金で、従業員に給料を払い続けることもできました」

門前仲町界隈のあちこちにシャッターを閉めた店が目につく。鹿野さんは休業という手段で店を守ったということだが、八カ月もの間、何をされていたのだろう。

「毎日店には出てきていましたね。店の掃除をしたり、お客さんからの電話を取ったり、助成金や協力金の申請書を書いたり。十九歳で働き始めてから、こんなに長く仕事を休んだのは初めてだったので、店を再開してから、体がきつかったですね。ようやく最近、元に戻ってきました」

再開した店は常連と予約客に限り、フリのお客さんを断っているという。理由を尋ねた。

「万が一、店で感染者が出た時に追跡ができないからです。常連さんや予約のお客さんは名前

しか野　現在は常連客と予約客に限り営業中

と電話番号を控えていますから、連絡がつきます。感染を拡大させないよう徹底しようと思いまして」

なるほど。日本の旅館で宿帳をつけるようになったのも、感染症のルートの特定や拡大防止のためである。

「常連さんに限っても、十月から連日満席の状態が続いています。常連さんのほとんどは門前仲町にお住まいの方々です」

門前仲町周辺は昭和二十年三月十日の東京大空襲で甚大な被害を受けた。

その惨状は、空襲後間もない三月十八日、視察のためお忍びで富岡八幡宮を訪れた昭和天皇が、関東大震災の時と比べて、「はるかに無残だ、東京が焦土になってしまった」と嘆かれるほどだった。その焦土から、寺社と町民が一体となって、町を立て直したのである。

仕事場を構えていた頃、あちこちの酒場で地元の人と接したが、何代にもわたって門前仲町に住んでいる人が結構いて、そういう人たちは皆、町と町にある店を愛していた。

取材の後、お酒と料理をいただいた。

刺し身の盛り合わせを肴《さかな》に、〆張鶴《しめはりつる》を飲んでいると、常連さんたちがどんどん入ってきて、あっという間に満席になってしまった。

とうもろこしの天ぷら、金目鯛の煮つけなど、好きな料理に酒も進んだ。ほんの六年間であったが、門前仲町の住人になれて、よかったと思った。

連載を続ける中でつくづく感じたのは、常連を持つ店の強さだ。この店がなくなるのは嫌だ、店のために何かしたい。そうした客の思いが店を支えているのだ。

とはいえ、客の思いだけで店が存続できるものでもない。鹿野さんも言っていた。

「本当に大変なのはこれからです。協力金と助成金だけでは足りずに借金をしていますから、それを返しながら店を維持していけるかどうか。頑張るしかありませんけど」

二年にもわたるコロナ禍を乗り切った店はどこも大きな負荷を抱えている。そのことを政府は肝に銘じなければならない。

岸田首相よ。人の話を聞く姿勢はいい。慎重に議論するのもいい。しかし、首相のなすべきは、カリスマ性を発揮して、国民を導くことだ。

カリスマ性は、国民の人気を集めるためのものではない。人気を表面的なものから内実のある支持へと変えるのは、世論に抗する厳しいことを語る説得力であり、常にどの立場にいるのかを示す顕在性、そして何よりも世代を超えた国家国民への責任感に裏打ちされて初めて、カリスマ性はポピュリズムに陥らずにすむ。国民全体を、政治へのコミットメントに導く大きな旗印になるのだ。

連載中、店が頑張っている姿を見ることは無上の悦びだった。これからも私は飲み、食い、書く。力が尽きるまで。

9 保守とは横丁の蕎麦屋を守ることである

再訪 大井町「とんかつ丸八」

大井町「とんかつ丸八」

令和四年三月二十一日にまん延防止等重点措置が解除されて以来落ち着きを見せていたコロナの感染者数は七月に入ってから急増し、感染拡大は第七波に入った。

令和二年の十二月にこの連載が始まった時、コロナ禍がこれほど長引くとは思っていなかったし、世界的な戦争が起きるとは思ってもみなかったし、ましてや日本の元首相が白昼、街頭で銃殺されるなど、一体誰が想像しただろう。

生活の破壊が山上容疑者を破壊した

安倍晋三元総理の遭難事件が政治的テロであるかどうかはともかくとして、山上徹也容疑者の動機は私怨《しえん》、しかも恐ろしく歪んだ私怨である。

その点で、「原敬暗殺事件」に近いものを感じる。

大正十年十一月四日、原敬首相は東京駅で十八歳の中岡艮一《こんいち》に刺殺された。

艮一は幼い頃に父親を亡くし、学業を断念。親戚が経営する印刷所で働き始めたが長続きさせず、大塚駅の転轍手《てんてつしゅ》となるも、轢死《れきし》体《たい》の番をさせられる日々に鬱々としていた。同居する母親が情夫をつくり、ただれた生活をしているのも耐え難かった。

自分の人生を逆転させようと、映画脚本公募に応募するも、落選。絶望した良一は、当時世間の強い批判を浴びていた原敬を殺せば自分の名前が後世に残ると考え、凶行におよんだ。

山上容疑者の事情はもっと複雑だ。母親が世界平和統一家庭連合に入信したことで家庭生活を破壊された恨みから巡り巡って安倍氏の殺害にいたった経緯は徐々に明らかになっているが、一つはっきりしているのは、生活の破壊によって彼の人間性をも破壊されたということだ。

日々ウクライナから送られてくる映像や動画もまた、日常生活が破壊されることの悲惨さを伝えている。

自分の部屋で安心して眠る、仕事にでかける、家族と食事をする……こうした当たり前の日常が人間にとってどれほど大切なものであるか——。

命からがら国外へ逃れたウクライナ人が、それでも「早くウクライナに帰りたい」と言うのは、そこに日常があるからだ。

国内に残った人々が火炎瓶を作ってまでロシア軍に抗するのは、自分たちの日常を守るためである。

私は保守を自認している。

私の言う保守は政治イデオロギーではない。政治というよりは文化、文化の中でもより生活に密着した、日常茶飯事に関する文化に対して鋭敏であるということだ。

文化とは、持続的なものである。瞬間的に現れ、瞬間的に消える文化などありはしない。刹那の煌《きらめ》きが、時に人を魅了することがあったとしても、魅力を感じる人々の感性は、長い時間をかけて醸成されてきたものなのだ。

新しいものを、新しいものとして認識するためには、古きもの、それまでに過ぎ去ったものへの確かな認識が必要だ。

文化の持続性が、最も強く発揮されるのが、日常生活である。

かつて福田恆存は、「保守とは、横丁の蕎麦屋を守ることだ」と看破した。

毎日、とは言わないまでも日常に通う店、つまりは自分の生活スタイルを保持すること、そのために失われやすいものに対して、鋭敏に、かつ能動的に活動する精神を、保守と言う。


飲食店をめぐる日常は文化でなくて何であろう

令和二年十二月から約一年半続いたこの連載は、私にとって保守の矜持《きょうじ》をかけた活動であった。

コロナ禍になって、日本の政府の要人たちの多くが飲食店を文化だと思っていないことに驚いた。一つの店がつぶれたところで、いくらでも取り換えがきくと思っている。

全て一律の、営業時間規制、アルコールの提供禁止、助成金がそれを語っていた。公平に規制し、援助しているのだから、それでつぶれる店があるなら仕方がないという考えで、文化を守ろうという姿勢は全くなかった。

飲食店は、料理や酒を出して利益を得ているだけの存在ではない。店主はそれぞれ、こんな料理を世の中に提供したいという志をもって開業し、それが支持されて繁盛店にもなり、何代も続く老舗にもなる。それが文化でなくて何であろう。老舗とまではいかなくとも、町に根付き、人々に親しまれているのであれば、立派な文化である。

しかし、これについては国民の側にも問題がある。

昨今、ネットで話題の店を食べ歩く者の何と多いことか！

うろうろと店を食べ歩くなど、大人のすることではない。それは、食事という具体的で本質的な営為を、情報の蓄積競争と取り違えているだけの、幼稚な勘違いに過ぎない。

そうした人たちにとっては、ある町で長く親しまれた名店が閉店したとしても、人が集まる店が一つなくなったに過ぎず、また別の人の集まる店に行けばいいだけのことだ。

しかし、私にとって飲食店はそういうものではない。

この連載で、とんかつ屋、蕎麦屋、おでん屋、居酒屋、割烹など十八軒を取り上げたが、いずれも私が人生をかけて選んだ店であり、取り換えのきかない店ばかりだ。

例えば、第一回で紹介したとんかつ屋「丸八」。

この店のハムサラダとポークソテーで酒を呑み、ロースかつでしめる幸せが失われたら、それは私の生活の一部がなくなるに等しい。

国民が被治者ばかりなら日本は亡びる

連載を通じて見えてきたものに、日本人の気質がある。

やはり、日本人は真面目だ。

「営業時間を短縮しろ」「酒の提供は禁止」「パーテーションを作れ」「客にマスク食をすすめろ」などと、政府が理不尽なことを言ってきても、それを守ろうとした店の何と多いことか！

この真面目さは日本人の美徳ではあるのだが、政府の言うことを聞き過ぎるのはいかがなものか。

「治者」という言葉がある。

自分が関わる地域なり、事業なりを差配し、それがうまく機能していくように配慮する者のことだ。

原型は、昔の領主であったり、殿様であったりするが、一種の支配者として社会を、共同体全体を見渡して、その安全や繁栄、何よりも存続に対して責任を持つ者だ。

そう考えれば、飲食店の店主もまた治者である。どのような方針で運営すれば、相対的に事態がうまくいき、みなの満足が得られるか。どうすれば、将来の危険に対処できるか。そうしたことを、全て自分の責任と力量でまかなわなければならない。つまりは、何ものかに保護されることを期待するのではなく、人々に保護を与えなければならないのだ。
もちろん店主たちは、店を、従業員を、家族を守るために真剣に考えただろう。それこそ夜も眠れないくらいに。その結果、政府の言うことを聞いて助成金をもらってしのぐことを決めた店もあったに違いない。実際、連載で紹介した店の中にも、そうやって生き延びた店はあった。

その判断が間違っていると言っているわけではない。

ただ保護してもらおうという意識のままでは、保護されなくなった時が悲惨だ。一方的に隷従させられ、収奪されていくばかりである。

これは飲食店の店主ばかりではなく、日本人全体に関わる問題だ。

江藤淳は、戦後の日本人は治者の倫理を失ったと、嘆いていた。いかにすれば国が存続し、栄えるかを考える人間が日に日に少なくなり、いかに国から、社会から、うまく保護してもらい、安楽に暮らせるか、ただそれだけを考える人間が増えたと。

その原因は国際社会の中で日本が被治者となったからに他ならない。

戦前の日本は、まがりなりにも治者であった。大東亜共栄圏が絵に描いた餅であり、八紘一《はっこういち》宇《う》がスローガンに過ぎないとしても、戦前の日本は、自らの国家の存立を自力で成し遂げただけでなく、アジアがどうあるべきかという構想を持ち、それを作り、運営しようとした。それが戦争にいたったわけだが、だからと言ってその経営の意志、責任感までも否定できるものではない。

戦後の日本は、国際社会に対する治者としての姿勢は、ほぼ全て喪失した。アメリカの保護のもとで、ただ自国の繁栄だけを追求してきたのだ。しかも冷戦が終わり、アメリカの保護を失ってもまだ治者の覚悟が持てず、被治者のままである。

国がこういう状態であれば、国民もまた被治者となる。

このまま国が、国民の多くが、被治者のままでい続けたなら、日本は亡《ほろ》びる。何処かの国が攻めてきたら、ウクライナのように何カ月にもわたる抗戦などできず、すぐに占領されてしまうだろう。

従業員は一人として辞めさせていない

まん延防止等重点措置が明けて間もない令和四年四月六日、丸八を訪れた。

午後二時に店の暖簾《のれん》をくぐると、カウンターはほぼ満席だった。客が戻ってきているのだと、嬉しくなった。

二階の部屋でご主人の小野敏宏さんに、長いコロナ禍の店の状況について伺った。

「昨年の四月二十五日から六月二十日までと、七月十二日から九月三十日まで、酒が提供できなかった時期は、お客さんがぐんと減りました。常連さんでさえ足が遠のいたほどでした。緊急事態宣言が明けてからは、お客さんが戻ってきてくれましたが、それでも以前の六割から七割くらいです。テレワークの人や、外食を控える人が増えたからだと思います。パーテーションをつけたので席数が減ったことも影響しています」

この店は昼と夜に来るサラリーマンのお客さんが多かったから、ライフスタイルの変化は痛いだろう。しかし前に戻ることはないだろうから、変化に対応していかざるを得ない。

「今年の一月から続いたまん延防止が解けた後も、お客さんの戻りは緩やかです。今はちょうど入学式の時期なので、式の後に家族で食べに来られた方が結構いらっしゃいますね。以前より、上ロースかつがよく出るんですよ。外食の頻度が減った分、いい物を食べようという人が増えたのかもしれません。私どもは飲食でも食が主体ですから、これまで店を閉めずにやってこられました。これからも、状況に対応しつつやっていこうと思います」

話の後、一階のカウンターに移動した。

ハムサラダとポークソテーで熱燗を呑みながら、ロースかつが揚がるのを待つ。

目の前で小野さんがとんかつを揚げてくれている。その間にも一人、また一人と常連さんが入ってくる。店内では顔見知りの従業員の人たちが忙しそうに立ち働いている。一人として辞めさせた人はいないという。

祖父の代から続く店を、味を、従業員を、そして家族を守り続ける、紛れもない治者の姿がそこにあった。

日本人よ、治者となれ。

これが本書の最後に私が言いたいことだ。

おわりに　自らの歴史を回復するために

『サンデー毎日』で「コロナ禍の名店を訪ねる」の連載が始まったのは、令和二年十一月だった。

それから二年以上が経った今でもコロナ禍は続いている。さらに令和四年二月にはロシアによるウクライナ侵攻が始まり、その影響で世界中が食料危機、エネルギー危機に陥り、国連の目がそちらを向いているのをいいことに北朝鮮はミサイルを飛ばしまくり、中国も台湾に対し不穏な動きを見せている。

今後世界はいよいよ軍事的緊張が高まり、経済的混乱が深まり、社会の安定は損なわれることだろう。

日本人はこれまで体験したことのないような悲しみや苦しみを味わうことになるかもしれないが、そうした恐ろしい現実を目の前にしても、日本人にはなす術がないように思われる。今の日本人にその困難を乗り越える強さがないからだ。

日本が生き残る道は、自分たちの目で物を見て、頭で考え、足で歩き出し、自分たちの歴史を回復する以外にない。

日本が滅びるのではないかと悲観する一方で、私はまだ希望を捨ててはいない。この苦境の中、日本人の中に、少しずつ日本が芽生え、育ち始めているのではないか。そうした思いが新しい日本を育んでいくのではないか。そこから生まれる日本は自立した日本であるはずだ。そう考えている。

この本がその一助になってくれたら、嬉しい。

最後に、『サンデー毎日』の連載のきっかけを作ってくれた友人の伊藤彰彦氏、連載時にお世話になった毎日新聞出版の向井徹氏、出版の機会を与えてくれた河出書房新社の岩本太一氏に、この場を借りて御礼を申し上げたい。

令和五年一月
福田和也

本書の1～9は「サンデー毎日」二〇二〇年十二月六日号から二〇二二年八月二十八日号まで不定期連載された「コロナ禍の名店を訪ねる」に加筆、再構成した。また、「角川春樹と『人間への信頼』」は『サンデー毎日』二〇二〇年一月十九日号、「石原慎太郎という『時代精神』」は「サンデー毎日」二〇二二年二月二十日号が初出である。

福田和也（ふくだ・かずや）

一九六〇年、東京都生まれ。批評家。慶應義塾大学名誉教授。著書に『日本の家郷』（三島由紀夫賞）、『甘美な人生』（平林たい子文学賞）、『地ひらく　石原莞爾と昭和の夢』（山本七平賞）、『悪女の美食術』（講談社エッセイ賞）、『福田和也コレクション1　本を読む、乱世を生きる』、『世界大富豪列伝　19-20世紀篇』、『世界大富豪列伝　20-21世紀篇』ほか多数。

保守とは横丁の蕎麦屋を守ることである

コロナ禍「名店再訪」から「保守再起動」へ

二〇二三年四月二〇日　初版印刷
二〇二三年四月三〇日　初版発行

著者　福田和也

発行者　小野寺優
発行所　株式会社河出書房新社
〒一五一－〇〇五一　東京都渋谷区千駄ヶ谷二－三二－二
電話〇三－三四〇四－一二〇一［営業］
〇三－三四〇四－八六一一［編集］
https://www.kawade.co.jp/

組版　株式会社ステラ
印刷　株式会社暁印刷
製本　加藤製本株式会社

Printed in Japan　ISBN978-4-309-03103-3